길에서 또

길을 만나다

길에서 또 길을 만나다

발행일   2018년 4월 4일

지은이   김 상 두
펴낸이   손 형 국
펴낸곳   (주)북랩
편집인   선일영   편집   권혁신, 오경진, 최승헌, 최예은
디자인   이현수, 김민하, 한수희, 김윤주, 허지혜   제작   박기성, 황동현, 구성우, 정성배
마케팅   김회란, 박진관, 유한호
출판등록   2004. 12. 1(제2012-000051호)
주소   서울시 금천구 가산디지털 1로 168, 우림라이온스밸리 B동 B113, 114호
홈페이지   www.book.co.kr
전화번호   (02)2026-5777   팩스   (02)2026-5747

ISBN   979-11-6299-050-6 03230(종이책)   979-11-6299-051-3 05230(전자책)

이 도서의 국립중앙도서관 출판예정도서목록(CIP)은 서지정보유통지원시스템 홈페이지(http://seoji.nl.go.kr)와
국가자료공동목록시스템(http://www.nl.go.kr/kolisnet)에서 이용하실 수 있습니다.
(CIP제어번호 : CIP2018009477)

/ 삶과 영원에 관한 사색노트 /

길에서 또 길을 만나다

김상두 지음

북랩 book Lab

김상두 목사는 명문 경주고등학교를 졸업하고 침례신학대학교에 진학해서 학부와 대학원 과정을 거쳐 신학전공연구과정(Th.M.)을 졸업했으며, 미국 리버티신학원을 마치고 서던침례신학원(SBTS)에서 목회학 박사과정을 이수했다. 일찍이 김해시 대청동에 '열린하늘교회'를 개척해서 목회하는 현직 목사이다.

그는 이미 기독교연합신문사 출판부를 통해서 『영성은 만남입니다』라는 제명의 책을 출판해서 널리 보급한 저자이기도 하다. 김 목사가 내게 보내온 180여 편의 사색 단상을 읽으면서 나는 문체의 간결함과 생각을 정리해서 차근차근 써 낸 문장의 기술과 또한 목회와 삶에서 느끼고 발견한 일들을 깊은 사색으로 걸러내어 정연하게 표현한 것에 감탄하지 않을 수 없었다.

저자는 프롤로그에서 기독교 신자와 목회자의 입장에서, 창조주로서 섭리하시는 하나님과 그의 섭리 가운데서 사역하는 자신과의 관계를, "돌아보면 여기 모은 짧은 글들은 대륙을 오가며 지나온 긴 여행길에 내 응석과 투정을 다 받아내시고, 길이 참아 여기까지 인도해주신 그분과 나 사이에 남겨진 시간의 발자국이며 세월의 흔적"이라고 말했다. 목회자 이전에 한 사람의 신앙인으로서의 자신의 삶의 철학과 조물주 하나님에 대한 순종과 감사의 신앙고백 같은 말이다.

목사와 구도자로서의 저자의 사색에는 우리의 삶을 가로지르고도 남을 금언이 가득 차 있다. 시간에는 종말이 있지만 진리와 진리를 전달하는 글은 영원할 것이다. 이 책을 읽는 독자는 누구든 추천인이 공연히 찬사를 남발한다고 생각하지 않게 될 것이다.

추천인은 과거에 김상두 목사가 목회자로서 세상에 나가는 데 작게나마 기여했던 사람이라면, 이번에는 그를 사색인이요, 저술가로서 세상에 내놓는 데 조금도 주저하지 않는 바이다.

- 도한호(침례신학대학교 총장 대행, 국제펜 한국본부 이사)

길에서 또 길을 만나다

Prologue

세월이 참 많이도 흘렀다. 껍질 속에 숨은 나이테만큼이나 나를 속이고 지나간 시간들이 어느새 내 안에 켜켜이 쌓여있다.

돌고 돌아 제 자리에 선 지금, 아주 오랜 낡은 기억들로부터 끄집어 낸 단상(斷想)들이 모여 책이라 부르기엔 어색한 노트를 만들었다. 노트의 내용들은 나 자신의 미천한 신앙과 옅은 신학이 부딪히며 자아낸 잔상(殘像)과도 같은 것으로 삶과 신앙 그리고 영원에 관한 사색들의 묶음이다.

돌아보면 여기 모인 짧은 글들은 대륙을 오가며 지나온 긴 여행길에 내 응석과 투정을 다 받아 내시고, 길이 참아 여기까지 인도해주신 그분과 나 사이에 남겨진 시간의 발자국이며 세월의 흔적이기도 하다. 아무쪼록 미흡함으로 묶은 이 노트가 괜한 넋두리가 아니라 읽는 이의 인생길에 작은 쉼터라도 되었으면 한다.

아울러 긴 여행길에 항상 곁에서 힘과 위로가 되어준 사랑하는 아내 '혜란'에게 지면을 빌어 못다 한 고마움을 전하고 싶다.

내가 사자를 네 앞서 보내어 길에서 너를 보호하여 너를 내가 예비
한 곳에 이르게 하리니
Behold, I send an Angel before you to keep you in the way
and to bring you into the place which I have prepared.

– 출애굽기 23장 20절

2018년 4월 대청계곡에서

김상두

길에서 또 길을 만나다

Contents

추천의 글   5
Prologue   7

PART 01   시간이 머무는 자리
-사랑하며-

시간이 머무는 자리   18
꽃과 올빼미   19
더불어 살기   20
주는 일   21
살아야 한다   22
활발하다는 것   23
삶의 한 절이라도   24
우리의 삶을 위하여   25
그런 만남   26
만들어진 성품   27
살다 보면   28
창조적 이타주의   29
아홉을 넘어서는 길   30
익숙해진다는 것   31
조화(造化)   32
뻔뻔한 세상   33

소유 34

칭찬과 비난을 넘어 35

완벽한 세상 36

더 빨리 37

고난의 줄 38

더 큰 행복 39

느끼기만 해도 40

두 가지 비극 42

自己愛 43

거기 있음 44

무감각 45

광대처럼 46

낡은 물음표 47

생활의 꽃 48

욕망을 줄여야 49

죽은 말(馬) 50

삶의 크기 51

사람이 온다는 건 52

사랑하십시오 53

사랑의 빚 54

욕망의 짐 55

혼자서 할 수 있으면 56

인간 불가능 57

어둠 58

불평이 정당하려면 59

공간 60

삶은 선물이다 61

작은 것 62

나의 고백이 되기를 63

별처럼 64

한 옥타브 높게　　　　65

자기사랑　　　　　　66

현대 미개인　　　　　67

개인과 사회　　　　　68

인생과업　　　　　　69

유종의 미　　　　　　70

살리는 한마디　　　　72

PART 02　　　시간이 지나간 자리

　　　　　　　　　　-믿으며-

시간이 지나간 자리　　　　74

십자가로　　　　　　　　75

찾아오시는 하나님　　　　76

미신이냐 신앙이냐　　　　77

초합리적 신앙　　　　　　78

먹어야 산다　　　　　　　79

이성과 감정 사이　　　　　80

샘물처럼　　　　　　　　81

치명적인 사실　　　　　　82

기독교　　　　　　　　　83

절대 믿음　　　　　　　　84

길　　　　　　　　　　　85

성경과 나　　　　　　　　86

천국열쇠　　　　　　　　87

기도의 기초　　　　　　　88

한 사람 89

세상 속에서 90

하나님은 어디에 91

하나님이 바쁘실 때 92

십자가를 붙들라 93

고백하고 드러내기 94

기쁜 소식 95

어디서부터 잘못되었을까? 96

자기중심성 97

초자연의 원리 98

숨바꼭질 99

희생 100

신앙의 내용 101

인생의 목적과 필요 102

너는 복이 될지라 103

지금은 울 때다 104

지혜로운 자 105

하나님의 손자 106

바느질 107

잃어버린 세월 108

재앙 109

기독교의 신비 110

하나님의 일 111

인생 사용 설명서 112

일(勞動) 113

자유의지 114

재건축 115

최고의 사랑 116

기도의 시작 118

사랑 때문에 119

누구든지 120

하나님의 임재 촉진 121

자유와 보수 122

모든 것을 위해 123

살아있다는 것 124

그릇된 확신 125

거꾸로 살기 126

삶이 보물입니다 127

오직 은총으로만 128

인간을 찾는 하나님 129

점을 넘어서 130

장벽을 넘어 132

최종 평가 134

두 종류의 나 135

부름받은 공동체 137

교회 사랑 138

PART 03   시간이 멈춘 자리

-소망하며-

시간이 멈춘 자리 142

퀴리에 엘레이손 143

인생 모토(Moto) 144

영원을 위한 발돋움 145

열정과 사명 146

다 내게로 오라 147

비결을 배웠노라　　　　　149

하나님의 사랑법　　　　　150

천국의 문　　　　　　　　151

테메노스　　　　　　　　152

외줄타기　　　　　　　　153

세상 가장 높은 곳　　　　154

인자의 온 것은　　　　　155

기다림　　　　　　　　　156

밝은 빛 어둠　　　　　　157

길에서 또 길을 만나다　　158

아름답게　　　　　　　　160

익숙해질 때까지　　　　　161

폴레폴레　　　　　　　　162

사람의 얼굴 신의 얼굴　　163

끌림　　　　　　　　　　164

마지막 질문　　　　　　　165

잡동사니를 내려놓고　　　166

수(數)　　　　　　　　　167

모험의 은총　　　　　　　168

그 길　　　　　　　　　　169

지옥의 문　　　　　　　　170

별 헤는 밤　　　　　　　171

그분　　　　　　　　　　172

억지주장　　　　　　　　173

새로운 시작　　　　　　　174

세상에서 제일 아름다운 풍경　175

속임수　　　　　　　　　176

모르테와 아모르　　　　　177

불꽃 속으로　　　　　　　178

너무나 분명한 존재　　　　179

악과 선 180

실재하는 악(惡) 181

최상의 방식 182

고통의 문을 통하여 183

마음천국 184

죽음 185

가야 할 때 186

성공 그 이상 187

영원한 사실 188

의미 189

죽음을 통과할 때 190

실존을 넘어 191

지나가리라 192

기쁜 소식 193

현재를 누리라 194

약속을 붙잡는 믿음 195

오고 있는 사실 197

영원히 멋지게 198

Epilogue 199

PART 01

시간이 머무는 자리

·

사랑하며

시간이 머무는 자리

　사람이 태어나서 숨 쉬고 먹고 자라고 늙어가는 시간들은 끊임없이 무언가를 채워가는 과정이다. 하지만 그렇게 채워가는 것들에 대한 성찰과 반성 없이 '채움'에만 몰두하다 보면 그 모든 것들의 끝이 바람을 잡으려는 것이었음을 뒤늦게 깨닫게 된다.

　공수래공수거(空手來空手去)라는 말처럼 인생은 빈손으로 태어나서 빈손으로 떠나야 한다. 그래도 꼭 간직하고 싶은 소중한 것이 있다면 그 소중한 것들을 마지막까지 잘 지켜낼 수 있어야 한다.

　소중한 것들을 잘 지켜내기 위해서는 삶의 자리마다 사랑의 울타리를 촘촘하게 세워두어야 한다. 그렇지 않으면 도적이 들 수도 있고 비바람을 견뎌내기 힘들게 된다. 만약 사랑의 울타리를 세우는 노력 없이 채우고 쌓기에만 집착한다면 결과는 쌓은 명성과 노력만큼이나 크게 무너질 수 있다.

　삶은 사랑으로 감싸고 사랑으로 지켜낼 일이다. 삶은 시간이 머무는 자리에서 사랑으로 보듬어 가는 뜨겁고 긴 여정이다.

꽃과 올빼미

꽃은 빛을 향하여 얼굴을 돌리고 자라난다. 올빼미는 빛을
등지고 잠을 잔다. 우리는, 한 부분은 꽃이고 한 부분은 올
빼미다. 빛이 하나의 도전이고, 요구로 다가올 때, 우리 속
의 올빼미는 질겁하여 도망친다. 자라고자 하는 충동이 우
리를 주장할 때, 우리는 도전과 요구를 환영한다.

- 아브라함 조수아 헤셀

오래전에 가슴에 와 닿아 노트에 옮겨 놓았던 글이다.

그때로부터 내 안에 꽃은 피고 지고, 그때로부터 내 안에 올빼미
도 자고 깨고….

꽃이 시든 지 오랜 어느 겨울. 아직 봄도 먼데, 어둠에 익숙한 눈
망울엔 밤새 잔별들이 내려와 잠도 없는 애달픈 밤을 지키고 있다.

더불어 살기

　　정신지체 장애인을 섬기며 일생을 살았던 장 바니에는 그의 저서 『희망의 문』에서 만남에 관하여 이렇게 노래한다.

> 만남은 드물고도 놀라운 일.
> 서로가 서로에게 존재하게 되는 일.
> 서로가 서로에게 있어 주는 일.
> 서로에게 흘러드는 생명.
> 하지만 우리는 서로 만나지 않고도
> 단 한 번도 만나지 않고서도
> 함께 있을 수 있고
> 매일 매일 같은 집에서 살 수 있고
> 같은 식탁에 앉을 수 있고
> 같은 자리에서 기도의 무릎을 꿇을 수 있고
> 같은 책을 읽을 수 있습니다.

　　삶은 홀로가 아니라 더불어 살아가는 것이 맞는다면 우리는 동시대를 살아가는 타인과의 관계를 무시할 수 없다. 나아가 타인의 삶 속으로 흘러들어 존재하기를 두려워하지 않아야 한다. 서로에게 흘러들어 진정한 만남이 이루어질 때 비로소 내가 만나는 들판에는 봄바람도 불 것이며, 오가는 오솔길은 기쁨의 거리가 될 것이다.

길에서 또 길을 만나다

주는 일

　누군가에게 '주는 일'은 가장 순수하고 숭고한 일이다. 무엇보다 대가를 바라지 않고 소유를 나누는 일은 사람의 일 가운데 가장 높고 귀한 일이다. 그런데 무엇이든 높고 귀한 것일수록 위험에 노출될 확률이 높음도 경계할 일이다. 높음의 위험은 교만이며, 존귀함의 위험은 허영이다. 우리는 선한 일을 함에 있어서 그 선함이 높고 귀할수록 더 경계하고 주의해야 한다.

> 물건이든/마음이든/무조건 주는 걸 좋아했고/남에게 주는 기쁨이 모여야만/행복이 된다고 생각했어//어느 날 곰곰 생각해보니/꼭 그렇지만은 않은 것 같더라구//주지 않고는 못 견디는/그 습성이/일종의 강박관념으로/자신을 구속하고/다른 이를 불편하게 함을/부끄럽게 깨달았어//주는 일에 숨어 따르는/허영과 자만심을/경계하라던 그대의 말을/다시 기억했어
>
> 　　　　　　　　　　　　　　　- 이해인, '어떤 후회' 중에서

　주는 일에 숨어 따르는 허영과 자만심을 경계하라는 시인의 말에 그동안 주는 일에 함께 묻어갔던 괴악(怪惡)한 것들을 다시 거둬들이고 싶은 저녁이다.

살아야 한다

2차 세계대전을 통해 강제수용소를 경험했던 유대인 정신과 의사 빅터 프랭클은 『죽음의 수용소』에서 다음과 같이 말한다.

"나치 수용소에서 끝까지 살아남은 사람들은 가장 건강한 사람도, 가장 영양 상태가 좋은 사람도, 가장 지능이 우수한 사람도 아니었다. 그들은 살아야 한다는 절실한 이유와 살아남아서 해야 할 구체적인 목표를 가진 사람들이었다."

삶이 유종의 미를 거두기 위해서는 살아야 할 절실한 이유와 그에 따르는 구체적인 목표가 영혼의 제단에서 항상 타오르고 있어야 한다.

길에서 또 길을 만나다

활발하다는 것

활발하다는 것이 꼭 살아 있음의 증거는 아니다. 언제부턴가 '활발함'이 미덕이 되어버려 느긋함이나 한가로움은 게으름의 상징처럼 여겨지고 '멈춤'은 죽음만큼이나 끔찍해졌다. 아름다움은 조화로움의 다른 말일진대 사람들은 언제부턴가 조화의 아름다움보다 홀로 독불장군이 되기위해 돌진하는 모습을 '아름답다' 혹은 '성공했다'고 단정 지어 버린다.

삶이란 침묵과 활발함의 적절한 조화를 통해 비로소 아름다워진다. 정(靜)과 동(動), 멈춤과 움직임, 높음과 낮음이 함께 있을 때 비로소 아름다워진다. 홀로 솟아올라 유아독존하는 것보다 작은 언덕을 이루어 조화를 이루는 아름다움이야말로 더불어 만들어 내는 생명의 향연이 아닐까.

삶의 한 절이라도

내가 노래하듯이 또 내가 얘기하듯이 살길/난 그렇게 죽기
원하네/삶의 한 절이라도 그 분을 닮기 원하네/사랑 그 높
은 길로 가기 원하네
- 한웅재, '소원' 중에서

한 절 한 절 그렇게 정성들여 노래가 만들어지듯 인생도 마디마디
를 통해 여물어 간다.

비록 땅에서는 노래 소리조차 미약하여 들을 귀가 많지 않고 운율
도 조화도 서툴러 마지막마저 기약 없으려니와 삶의 한 절이라도 하
늘에 닿아 화려하진 못해도 솔직한 마침표를 그릴 수 있다면 이야기
하듯 그렇게 살아가길 마다하지 않으리.

길에서 또 길을 만나다

우리의 삶을 위하여

우리의 만남이 상대방의 약점까지 함께 들어올려 "자, 우리의 삶을 위하여!"라고 축배를 외칠 수 있다면 얼마나 좋을까.

우리는 만남을 통해 서로의 잔을 들도록 부름 받았다. 모두 한곳, 한자리에 둘러 앉아 서로의 잔을 마주하고 기쁨과 슬픔으로 가득 찬 그 잔을 들어 건배하는 모습을 상상해 보라. 이것이야말로 하나님께서 서로를 만나게 하신 의도가 아닌가.

만남이 서로의 삶을 긍정함으로 높이 들어 올릴 수 있다면 이보다 더 큰 성취가 어디 있으랴!

진정한 행복은 서로의 삶의 잔을 들어 올려 긍정하고 마실 때 찾아든다. 형편이 더 나아진다고 반드시 행복해지는 것은 아니다. 오히려 행복의 문을 여는 열쇠는 우리 눈앞에 놓인 삶의 잔 속에 들어 있다.

인생은 미래를 위한 리허설이 아니다. 그러므로 오늘 각자의 앞에 놓인 잔을 기꺼이 받아 마시는 곳에 그날의 행복이 주어진다.

그런 만남

만남,
인격과 인격이 아무 가림 없이
투명하게 서로 만나는 그런 만남

너와 나, 그리고 우리가
맑은 유리바다를 사이에 두고
오갈 수 있는 그런 만남

나는 오늘도 그런 만남을 찾아 길을 나선다

나와 너 사이에 한 치의 어둠도 없고
한 자락의 물그림자도 없는
그런 맑고 밝은 만남이 그리워
길에서 또 길을 찾아 나선다

길에서 또 길을 만나다

만들어진 성품

습관은 '제2의 천성'이라고들 말한다. 그만큼 습관이 우리 일생에서 차지하는 비중과 영향은 크다.

사람마다 타고난 성품이 있다. 하지만 성장해 가면서 만들어진 성품도 있는데, 만들어진 성품(후천적)은 타고난 성품(선천적)의 후견인과도 같다. 그 후견인에 따라 사람은 천사보다 귀한 존재가 되기도 하고, 짐승보다 못한 존재가 되기도 한다.

만들어진 성품은 인생의 성공과 실패를 결정짓는 주된 요인이다.

만들어진 성품이 한 사람의 DNA로 새롭게 자리 잡기까지는 오랜 기간 지속적인 습관의 반복이 동반되어야 한다.

살다 보면

　그저 살다 보면 살아진다. 누군가를 떠나보낸 빈자리가 너무 아파도 다시는 홀로 살아낼 자신이 없어도 그래도 하루 이틀 살다 보면 또 살아진다.

　삶은 명령이다. 명령을 받은 자는 그것에 관하여 깊이 생각할 겨를이 없다. 왜냐하면 삶은 단 일 초도 멈추지 않기 때문이다. 지구가 공전과 자전을 멈추지 않듯 자신에게 주어진 길을 가다 보면 인생은 어느덧 가을을 지나 겨울에 이른다. 뒤돌아서거나 멈추지 않으면 살아진다.

　명령을 완수하는 것이 생명을 부여받은 자의 사명이기에 숨을 쉬는 이는 누구든지 '살다 보면'이라는 이 한마디를 가볍게 넘길 일이 아니다.

　중력의 영향 아래 있는 곳 어디서든 '살다'라는 동사(動詞) 한 개의 무게와 가치를 깨닫는 일보다 더 시급한 일은 없다.

길에서 또 길을 만나다

창조적 이타주의

슈펭글러(Oswald Spengler)는 『서양의 몰락』에서 문명의 사계절에 관해 말하기를 봄의 시기는 신화의 때, 여름의 시기는 도시문명의 때, 가을의 시기는 계몽의 때, 그리고 겨울의 시기는 거대문명의 때라고 정의를 내린다.

그가 말하는 문명과 역사의 겨울에는 인간 대 인간을 결속시키는 기반이 존재하지 않는다. 모든 사람은 자기 일에만 주의를 기울이며 이웃에 대하여는 알려고 하지 않는다.

종교적인 신념은 쇠퇴하여 실제로 소멸하게 된다. 정신적인 풍조는 환멸과 권태로 인한 회의주의에 빠진다. 아울러 유물론적인 세계 전망이 동반된다. 정치 형태는 민주정치이지만 독재군주정치와 제국주의로 발전된다. 그래서 한 문화는 순환의 종말을 맞게 된다.

결론에 이르러 몰락을 막는 유일한 치유책으로 그가 제시하는 것이 있는데 그것은 바로 창조적 이타주의(Creative Altruism)이다.

> 모든 인간은 창조적 이타주의의 빛을 추구할 것인가 파괴적
> 이기주의의 어둠을 추구할 것인가를 결정해야 한다.
> Every man must decide whether he will walk in the
> light of creative altruism or in the darkness of destruc-
> tive selfishness.
>
> - 마틴 루터 킹

아홉을 넘어서는 길

시간이 지나도 숫자가 변하지 않으면 두려워한다. 예나 지금이나 지구는 같은 속도로 태양을 공전하는데 말이다.

숫자에 목숨 거는 인간은 만족을 모르는 욕심 덩어리다. 그래서 하나를 가진 자는 절대로 하나에 머물기를 원치 않는다. 하나로부터 아홉을 만들기 위해 저마다 치열하게 경쟁한다.

하나가 아홉이 되거나 아홉을 능가하는 방법이 있다면 무엇일까? 답은 간단하다. 하나의 곁에 영을 두면 된다. 그런데 많은 사람들은 그 간단한 답을 외면한 채 아홉이 되고자 안간힘을 쓴다. 앞서 가는 둘을 이기고 셋을 넘어서고 넷과 다섯 그리고 그 나머지들을 짓밟고서라도 아홉 곁에 나란히 서길 바란다.

아홉을 부러워하며 평안도 쉼도 없는 생을 보내지 않으려면 하나 밖에 없기에 생긴 빈자리에 삶의 보좌를 놓으면 된다. 그 빈자리는 아홉이 갖지 못하는 드넓은 창공과도 같다. 이것이 바로 하나가 아홉을 넘어 서고도 여유를 잃지 않는 길이다. 마치 하나 곁에 영이 있어 열(10)이 되는 것처럼 말이다.

익숙해진다는 것

고마운 햇살도 너무 익숙해지면, 고마운 아내의 밥상도 너무 익숙해지면, 고마운 4월의 꽃잎도 너무 익숙해지면 어느새 불평거리가 되고 만다.

익숙해진다는 것은 참으로 무서운 일이다. 익숙하게 됨으로써 감사해야 할 것조차 불만의 씨앗이 되어버리니 말이다.

익숙함의 함정에 빠져 불만과 불평의 노예가 되지 않으려면 삶을 하루 혹은 한 시간을 단위로 짧게 살 필요가 있다. 그렇게 되면, 오늘은 오늘로서 느낌표를 찍어두고 내일은 전혀 경험하지 못한 새로운 페이지로 맞이할 수 있지 않을까.

조화(造化)

눈, 코, 입이 제자리에 있으면서 서로 조화로울 때 우리는 아름답다고 말한다. 이처럼 아름다움은 어떤 것이 제자리에 있으면서 서로 조화를 이루는 상태다.

진(眞), 선(善), 미(美)를 말해보자. 법적으로 불법의 여지가 없고 원칙을 벗어나지 않았다면 참되다고 할 수 있다. 또한 그 일이 악한 일이 아니고 선한 의도로 행했다면 칭찬받을 일이다. 하지만 진실되고 선하다 하더라도 때로는 아름답지 못할 때도 있다. 즉, 적법했고 악의가 없지만 보기에 좋지 않을 수도 있다는 말이다.

함께 산다는 것은 진, 선, 미를 필요로 한다. 그중에 가장 최종적인 필요를 꼽으라면 조화를 의미하는 '미'가 아닐까. 피조세계는 조화(造化)와 일치(一致)의 세계이다. 그러므로 창조주의 의도대로 사는 데 있어서 미(美), 즉 조화로움이야말로 가장 중요한 요소이다.

> 너희는 여호와의 책에서 찾아 읽어보라 이것들 가운데서 빠진 것이 하나도 없고 제 짝이 없는 것이 없으리니 이는 여호와의 입이 이를 명령하셨고 그의 영이 이것들을 모으셨음이라
>
> — 이사야 34장 16절

길에서 또 길을 만나다

뻔뻔한 세상

낯 뜨거운 일들이 너무 많다. 부끄러워 얼굴을 들 수 없는 일들도 너무 많다. 무엇보다 소위 지도자라 자처하는 이들이 저 부끄러운 행렬의 선두에 서있다.

그런데 부끄러움이 하늘을 가리고 거리에 넘쳐흘러도 너와 나 그리고 우리 모두는 태연하다. 부끄러움은 누구의 몫일까?

참, 뻔뻔한 세상이다.

> 나의 하나님이여 내가 부끄럽고 낯이 뜨거워서 감히 나의 하나님을 향하여 얼굴을 들지 못하오니 이는 우리 죄악이 많아 정수리에 넘치고 우리 허물이 커서 하늘에 미침이니이다.
>
> - 에스라 9장 6절

소유

인류의 역사는 전쟁의 역사다. 인류가 벌여온 크고 작은 전쟁은 인간의 소유에 대한 광기 어린 집착에서 비롯된 것이다.

신의 가장 고귀한 선물 '자유'는 인간의 소유를 향한 욕망 때문에 과녁을 빗나간 화살이 되었고, 그 화살은 탐욕의 판도라를 관통하고 말았다.

공중의 새는 벌레 한 마리만 있어도 하루가 즐겁고 한 뼘도 되지 않는 둥지 하나만 있어도 평생이 행복하다. 제 몸 하나 뿌리내릴 틈새만 주어져도 풀들은 꽃피우고 향기를 날린다.

인간은 얼마나 소유해야 싸움의 역사에 마침표를 찍을 수 있을까?

"새해에는 더도 말고 덜도 말고 손가락 하나만 움직이게 하소서."

- 전신마비 구족화가 이상열 님의 새해 소원

칭찬과 비난을 넘어

토마스 아 켐피스는 '칭찬과 비난'을 초월한 사람들에게 임하는 '마음의 평정'에 대해 이렇게 말한다.

> 당신은 칭찬받는다고 해서 더 거룩해지지 않고, 비난이나 무시를 당한다고 해서 더 악해지지도 않는다. 당신은 그저 당신일 뿐이다. 당신이 어떤 존재인가는 하나님이 아시며, 그보다 더 위대하다고 말해질 수는 없다. 항상 훌륭하게 행동하면서도 자신을 대수롭지 않게 생각하는 것이 곧 겸손한 영혼의 표시이다. 다른 피조물에 의해 위안을 얻으려 하지 않는 것이 위대한 순결과 내적 신뢰의 표시이다. 자신을 위한 외적 증거를 구하지 않는 사람은 자신을 하나님께 전적으로 드리는 사람이다.

신앙의 가장 큰 오류 가운데 하나이며 실제로 가장 큰 불신앙적인 행위 가운데 하나는, 자신의 영적 행동과 덕성을 사람들에게 알리기 위해 떠벌리는 일이다. 자신을 광고하고 증명하려는 종교인들의 필사적인 노력은 신앙의 본질과 결핍을 드러낼 뿐이다.

만약 우리가 전에는 맛보지 못했던 평화를 경험하기 원한다면, 칭찬이나 비난에 대해 너무 높이 날아오르거나 너무 낮게 추락하지 말아야 한다.

완벽한 세상

　니체는 세상의 악과 고통을 바라보며 하나님이 존재한다면 그 하나님은 '존재하지 않음'으로 존재할 것이라고 비웃었다.

　하지만, 세상의 악과 고통에도 불구하고 하나님은 존재하신다. 그리고 그 하나님은 '사랑'이라는 형태로 존재하시며 동시에 '고통'이라는 방식으로 사랑을 드러내신다.

　완전하신 하나님은 불완전한 세상에 대하여 고통이라는 방식으로 당신의 사랑을 완성하셨다. 그러므로 사랑을 완성하기에 이 불완전한 세상보다 더 완벽한 곳은 없다.

　삶의 주변을 돌아보자. 강물 위로 내려앉는 낙화처럼 사랑을 실천하기에 눈물겹도록 아름답지 않은가!

길에서 또 길을 만나다

더 빨리

빠름보다 느림이 좋다. 채움보다 비움이 좋다. 빠름과 채움에서 볼 수 없고 느낄 수 없었던 아름다움이 느림과 비움 가운데 있기 때문이다.

대부분의 문제는 느림보다 빠름에 있다. 남들보다 더 빨리 높은 곳에 이르고자 싸운다. 더 많이 가지기 위해 더 빨리 앞질러 가야 한다.

가공할 무기와 온갖 고통과 폭력은 느림보다 빠름의 사생아들이다.

대부분의 문제는 비움보다 채움에 있다. 남들보다 더 많이 채우기 위한 다툼은 그칠 줄 모른다. 더 많이 채우기 위해 누군가의 마지막 남은 한 조각까지 가로채기를 서슴지 않는다.

그 결과 삶의 전리품을 채워두는 창고와 금고들은 세상에서 가장 가공할 무기고가 되어버렸다.

고난의 줄

고통이 엄습해 올 때, 삶의 위기로 인해 잠 못 드는 밤을 지새워야 할 때 피아노를 생각해보자. 피아노 속에는 240개의 쇠줄이 피아노 틀에 4만 파운드나 되는 강한 힘으로 매어져 있다고 한다. 이런 엄청난 긴장 속에서 아름다운 선율이 흘러나오는 것이다.

고통과 긴장, 아픔과 괴로움은 어쩌면 한 사람의 인생을 아름다운 소리로 만들어 가는 신의 손길이 아닐까?

끊어질 듯 당겨오는 고난의 줄. 그 줄을 타고 오늘도 노래가 흐른다. 그 줄 위로 지쳐 날아온 새벽 노래들이 하나둘 내려앉는다.

길에서 또 길을 만나다

더 큰 행복

해비타드운동(Habitat Movement)은 변호사이자 사업가인 밀라드 풀러에 의해 시작되었다. 그는 28세에 백만장자가 되었지만 "돈이 전부인 줄 아는 당신의 인생에 환멸을 느낀다"는 아내의 이혼선언을 듣고 생의 가치를 다시 한 번 고민하게 된다.

그 후 아내에게 용서를 빌고 일체의 재산을 팔아 무주택자에게 집을 지어주는 해비타드 운동을 시작했다. 그는 백만장자에서 빈털털이가 되었으나 행복을 얻었고 삶의 참된 가치를 찾았다고 고백했다.

해비타드의 한 관계자가 풀러의 생애를 이렇게 요약했다.

> 그는 욕심을 버림으로써 하나님을 만났고,
> 물질을 포기함으로써 가치를 발견했고,
> 특권을 포기함으로써 행복을 얻었으며,
> 자신을 버림으로써 이웃을 찾았고,
> 쾌락을 잃어버린 대신 영향력을 남겼다.

더 큰 행복은 울타리 밖에서 포획하는 것이 아니라 잡은 것을 놓아줄 때 내 안에서 깨어난다.

느끼기만 해도

지난 2007년 1월 27일자 동아일보 뉴스에 나온 기사다. 겨우 13세 (초등학교 6학년)의 나이에 1년 9개월간 백혈병과 싸우다 세상을 떠난 남자아이의 사연이 담긴 일기장이 실렸다.

2005년 4월 20일
내가 백혈병에 걸렸다.
손이 떨리고 글씨가 이상하다. 오랜만에 연필을 잡아서인가? 3월 30일 새벽에 코피가 심하게 나고 토해서 구급차를 타고 병원에 실려 왔다. 그러다 저녁쯤 백혈병이라고 해서 너무 놀랐다. 무균실이라는 곳으로 들어가 머리를 밀었다. 난생처음 겪어보는 일. 봄바람, 봄꽃, 봄의 풍경을 하나도 느끼지 못하고 있다.

2005년 4월 22일(생일)
1년을 기다린 기쁜 날. 나의 생일이다. 하지만 난데없이 백혈병이란 놈이 내 몸속에 들어와 병원에서 보내게 됐다. 1년이 얼마나 긴 세월인데 너무 억울하고 슬프다. 이렇게 허무하게 보내다니….
옆 침대의 아이가 죽었다. 천국에서 행복하게 잘 살길. 피오줌이 나온다. 누가 날 좀 살려줬으면. 바다에 가보고 싶어. 돈으로 살 수 없는 깨달음을 얻었어. 파란 하늘, 맑은 공기, 이런 걸 느끼기만 해도 큰 행복이란 걸.

길에서 또 길을 만나다

파란 하늘과 그 아래 디디고 설 수 있는 땅, 그리고 하늘과 땅 사이를 채우는 사람, 그 사람의 숨결과 발걸음은 얼마나 아름다운가!

이 모든 걸 느끼기만 해도 얼마나 행복한가!

두 가지 비극

오스카 와일드는 세상에는 두 가지 비극이 있다고 말한다. 하나는 사람이 원하는 것을 손에 넣지 못함이요, 다른 하나는 그것을 손에 넣은 것인데 후자야말로 진짜 비극이라고 했다.

내가 원하는 어떤 것을 마침내 손에 넣었다 해서 마냥 기뻐할 일은 아닌 듯하다. 여행길에 의지가 되어줄 지팡이 하나밖에 갖지 못했다 하여 불행하기만 할까? 원하는 것은 언제든지 가질 수 있는 도깨비방망이를 가졌다 하여 행복하기만 할까? 가지지 못했다 하여 무조건 불행하고 다 가졌다 하여 늘 행복하기만 한 것은 아니다.

그동안 끝도 없이 더 가지려 했던 욕망의 릴레이가 바로 역사가 아닌가. 인류가 과학과 지성을 통해 원하는 것을 손에 넣었다 하여 전쟁이 사라지고 지상천국이 도래한 것은 아니지 않은가.

갖지 못한 허허로움이 가진 자가 겪을 수 있는 몰락으로부터 물러서게 한다면 오히려 다행이다.

가짐에서 비롯될 수 있는 진짜 비극에 비하면 우리가 갖지 못함으로 겪는 비극은 오히려 경미한 것이다.

自己愛

　정신분석학에서 자기애(自己愛)를 뜻하는 나르시시즘(narcissism)은 자기를 너무 사랑하여 자신에게 도취된 상태를 말하는데, 사랑하는 이가 사랑받는 자가 된 상황이다. 나르시시즘은 자신에 대한 집착에 머무는 것이 아니라 다른 사람에게 흥미나 관심을 보이지 않는 것으로 나타난다.

　현대 사회는 나르시시즘을 부추기는 사회이다. 정보화 사회는 또 다른 나르시시즘의 공간을 창출했다. 그래서 가상공간에서 가짜 자아를 만들고 거짓 자아에 만취하여 오직 자기만 '모든 것의 모든 것'이 된 상태로 빠져 들고 있다. 그들이 가지는 마지막 감정이란 오직 타인과 세상에 대한 경멸과 부정뿐이다. 우주의 미아가 되어 영원히 떠돌지라도 자기 외에는 아무것도 인정하려 하지 않는 인간군상이 바로 나르시시즘에 빠진 현대인들의 모습이다.

　지옥은 바로 자기애로 가득 차서 자기 외에는 모든 것을 부정하는 나르시시스트들이 스스로 만들어내는 자기들만의 왕국일 것이다.

거기 있음

존재하고 있다는 것 그 자체만으로도 우리는 신의 명령을 거의 완수하고 있다.

지금 여기에 존재하고 있다는 사실만큼 위대한 진실도 없다. 내가 여기에 살아서 존재함으로 땅은 땅이 되고 하늘은 하늘이 된다.

존재는 신의 명령이며, 선물이며 또한 사명이다. 달려가지 못하고 꿈틀거리는 삶이라 하여 가볍게 바라보지 말아야 한다. 삶은 그 자체로 온 우주의 무게를 지탱하고 있기 때문이다.

> 나리꽃은 거기 있어도 여름이 오면 얼마나 아름답게 꽃핍니까. 잡풀 우거지고 보아주는 이 없어도 주홍빛 꽃송이 거기 있음으로 해서 사람들이 비탈지고 그늘진 그곳을 아름답다고 생각합니다. 그대 거기 있다고 실망하지 마세요. 낮은 곳에 있어도 구절초는 가을이 되면 얼마나 곱게 핍니까. 그대 거기 있다고 자기 스스로를 하찮게 생각하지 마세요. 개울물은 거기 있음으로 해서 강물의 핏줄이 됩니다.
>
> - 도종환

길에서 또 길을 만나다

무감각

알래스카인들의 늑대잡이에 관해 들은 말이다.

날카로운 칼에 짐승의 피를 묻혀 땅에 꽂아 둔다. 늑대는
피 맛에 맛들여 혀로 칼날에 묻은 피를 핥아 먹는다. 늑대
는 혓바닥이 잘려 나가면서 자기 피 맛에 빠져 죽어간다.

죄(罪)는 그런 것이다. 한 번 맛들이면 그 맛에 빠져 자신이 피 흘리
며 죽어가는 것조차 못 느끼는 것이다.

자신의 피 맛에 중독된 어리석은 늑대처럼 욕망의 노예가 되어 파
멸의 바다로 치닫는 무리들은 신문지상과 온라인 그리고 TV화면에
서 빠질 날이 없다. 그들은 연거푸 삼켜대는 욕망의 진액이 파멸의
전주곡임을 모른 채 피 흘리며 죽음을 맞이하든지, 아니면 피 흘려
도 죽지 않는 괴물이 되든지 둘 중에 하나가 되어가고 있다.

광대처럼

사람이 살면서 쓰고 벗는 가면은 몇 개나 될까? 이중인격이니 다중인격이니 말하지 않아도 저마다 천연덕스럽게 쓰고 살아가는 가면은 신발장의 신발보다는 많을 것 같다.

그렇게 가면을 바꿔가며 살다보니 본래의 얼굴마저 망각할 정도로 가면을 쓰고 사는 데 달인이 되어 버렸다.

인생을 살면서 꼭 가면이 필요하다면 위선과 거짓보다는 차라리 마당을 휘돌며 춤추는 광대의 가면을 가져보자. 위선의 가면을 쓰고 일생을 방황하느니 차라리 환하게 웃는 광대의 가면을 쓰고 웃음을 파는 일(?)이 더 낫지 않을까.

낡은 물음표

　슬프게도 현대인은 인간 생명의 가치를 평가할 때, 그가 얼마나 많은 소유물(belonging)을 가졌는가에 따라 결정한다. 셰익스피어는 인간성에 대해 갈파하기를 "인간은 불멸의 욕망을 가진 존재다(Human has immortal longings)"라고 했다. 이런 인간을 좀 더 적나라하게 표현하자면 '욕망의 덩어리'라고 해야 할 것이다. 인간의 육체는 욕망의 집이며, 인간의 마음은 그 집의 주인이다. 그렇기 때문에 욕망대로만 산다면 저 소금기둥이 되어버렸던 롯의 아내처럼 언젠가는 우리도 욕망의 기둥이 되고 말 것이다.

　욕망(longing)과 소유(belonging)의 노예 상태에서 한 걸음도 벗어나지 못하는 인간, 그래서 때로는 작은 새 한 마리가 살아가는 모습보다 유치하고 한심스러운 것이 만물의 영장인 인간의 진면목(眞面目)이다.

　역사의 석양에 앉아 낡은 물음표를 던져본다. 사람의 욕망의 끝은 어딜까? 문명의 바벨탑을 쌓기 위해 스스로 문명의 노예가 되기로 맹약(盟約)한 탐욕의 마지막은 과연 어떤 모습일까?

생활의 꽃

생활의 꽃이라면 '기쁨'이 아닐까. 기쁨의 삶이야말로 시간의 퇴적물 위로 피어난 영혼의 꽃이다. 그러므로 기쁨이 배제된 삶은 열매 없는 무화과나무와 다를 바 없다. 제 아무리 무성한 이력과 실력을 자랑한다 하더라도 그것으로부터 기쁨의 열매를 얻을 수 없다면 무슨 소용이 있으랴.

사도행전 13장에도 1세기 기독교의 부흥을 표현하면서 "기쁨과 성령이 충만하니라"라고 하며 성령과 기쁨이라는 두 단어를 동일한 무게로 병행하여 표현했다. 성령 충만은 내 안에서 하나님이 통치하시는 천국을 경험하는 것이다. 그리고 그 천국의 모습은 기쁨과 분리해서 생각할 수 없다. 심지어 시편 기자는 또한 기쁨이 충만하고 즐거움이 영원한 곳이 천국이라고 노래한다.

> 주의 앞에는 기쁨이 충만하고 주의 우편에는 영원한 즐거움이 있나이다
>
> - 시편 16편 11절

기쁨의 삶은 그 근원인 하나님에게서 흘러나와 우리 안에 머물고 그것이 넘쳐 타인에게로 흐르고 마침내 기쁨의 강물이 되어 세상을 아름답게 만든다.

길에서 또 길을 만나다

욕망을 줄여야

오늘날, 아버지 시대의 사치품들이 지금은 모두 필수품이 되었다. 그렇게 욕망을 위해 무분별한 확장과 생산 그리고 소비를 이어오는 동안 하나뿐인 지구는 창백하게 핏기를 잃어가고 있다.

나무는 뿌리만큼만 자라면 더 이상은 높아지려 하지 않는다. 동물들은 그날 먹을 만큼만 챙기면 그만이다. 밀물과 썰물은 해변을 넘어 산으로 달음질하지 않는다. 이 모든 것이 혼돈과 무질서 속에서 질서와 조화를 이루신 창조주의 뜻을 받들고 있음이다.

피조물이 창조주의 뜻을 받들려 한다면 욕망과 소비를 위한 질주를 멈추어야 한다.

> "대지는 한 사람 한 사람이 필요로 하는 걸 충족시켜 줄 만큼은 부유하지만, 탐욕은 충족시켜 주지 않는다."
> - 마하트마 간디

죽은 말(馬)

인디언 민화에 죽은 말 이야기가 있다.

어떤 이가 죽은 말을 달리게 하는 방법에 관하여 묻는다. 어떤 방법이 있을까?

말의 음식을 바꾸어본다. 말의 훈련 방법을 달리 해본다. 근육 강화제를 주사해 본다. 말을 타고 달릴 기수를 교체해본다. 말이 거할 마굿간을 최신식으로 리모델링한다. 채찍을 강하고 센 것으로 바꾸어 사용해 본다…

그러나 죽은 말을 달리게 하는 방법은 단 하나. 새로운 말로 교체하는 것이다.

길에서 또 길을 만나다

삶의 크기

삶의 크기는 스스로 결정하는 것이다. 온 세상을 다 품고도 남을 크기로 자라기도 하지만, 바늘 하나 꽂을 자리도 없을 만큼 작아질 수도 있다.

사람이 동물과 다른 점 가운데 하나는 천사보다 귀하게 되기도 하고 짐승보다 못한 존재로 떨어지기도 한다는 점이다. 그만치 만물의 영장인 사람의 가능성과 변화의 폭은 개인에 따라 편차가 크다.

그래서 동시대를 살면서도 어떤 이는 성자가 되기도 하고 또 어떤 이는 희대의 악한이 되기도 한다.

삶의 크기를 결정하는 일에 신은 기회를 베풀었고, 인간은 선택을 해야 한다.

사람이 온다는 건

어느 시인이 말했다.

사람이 온다는 건 실은 어마어마한 일이라고. 한 사람의 일생이 오는 것이기 때문이라고.*

그렇다. 사람이 온다는 건 생각보다 어마어마한 일이다.

그런데 사람이 다가오는 일이 더욱 더 어마어마한 것은 그 한 사람의 일생뿐 아니라 그의 영원이 오기 때문이다. 나는 오늘, 한 사람의 일생을 넘어 영원을 만난다. 내가 만나는 그 한 사람의 영원이 나로 인해 지금 바뀔 수 있다.

사람이 온다는 건 참으로 놀라운 일이다. 가늠할 수조차 없을 정도로.

---

* 정현종 시, '방문객' 중에서

길에서 또 길을 만나다

사랑하십시오

그대는 단 한 가지 짧막한 계명을 받았습니다. 사랑하십시오. 그리고 그대 마음대로 하십시오. 침묵하려거든 사랑으로 침묵하십시오. 말을 하려거든 사랑으로 말을 하십시오. 바로잡아 주려거든 사랑으로 바로잡아 주십시오. 용서하려거든 사랑으로 용서하십시오. 마음 깊은 곳에 사랑의 뿌리를 내리십시오. 이 뿌리에서는 선한 것 말고는 그 무엇도 나올 수 없습니다.

- 성 어거스틴

오직 사랑을 실천하는 일!

이것이 피조물인 우리가 창조주로부터 부여받은 인생명령(人生命令)이다.

사랑의 빚

　이 세상에 빚을 지고 싶은 사람은 아무도 없을 것이다. 그러나 삶을 풍성하게 만드는 빚, 이상하게도 인생을 즐겁게 하고 감동을 주는 빚이 있다. 바로 사랑의 빚이다.

　사랑의 빚을 갚는 길은 단순하게도 사랑의 실천이다. 어떤 사람들은 사랑의 부담을 벗고자 지구 반대편 대륙의 굶주린 아이들과, 전쟁 통에 버려진 난민들을 향해 봉사의 손길과 구제의 금품을 보낸다. 예기치 않은 재난으로 망연자실해 있는 사람들을 향해 구호금을 보태기도 한다. 그렇게 사람들은 사랑을 실천할 더욱 적절한 대상(?)을 찾느라 이곳저곳을 분주히 오간다.

　하지만 어쩌면 사랑의 빚을 갚기 위한 우리의 과업이 대상을 찾아내기 위해 지구 반대편을 오가는 일만은 아닐 수 있다. 등잔 밑이 어둡다는 말처럼, 이미 오래전부터 내 곁에 있어온, 그래서 함부로 대하기도, 무심하게 지나치기도 했을 그 사람에게 진 빚이 훨씬 크고 오래되었고 긴급할 수도 있지 않을까?

욕망의 짐

인간이 짊어지고 가야 할 짐 가운데 가장 무겁고 오랜 것이 있다면 욕망(慾望)의 짐이 아닐까. 아마도 욕망이라는 짐은 죽기 전에는 내려놓기 힘들 것이다. 아니, 죽어 육체는 흩어지더라도 욕망만은 여전히 남을지도 모른다.

내려놓지 못한 욕망의 짐에 눌려 헐떡거리는 이들의 탄식소리를 들어보라! 우리는 욕망의 무거운 짐을 다 내려놓기 전까지, 그 어떤 것을 손에 넣는다 하더라도 참 평안과 안식은 꿈꾸지 말아야 한다.

그리고 보면 지옥의 꺼지지 않는 고통은 그곳에 떨어진 자들의 그치지 않는 욕망의 발현이 아닐까 싶다. 성경이 말하는 지옥은 쉼도 안식도 없는 곳이다. 참으로 욕망의 짐은 쉼도 안식도 허락하지 않는다.

> 그 고난의 연기가 세세토록 올라가리로다 짐승과 그의 우상에게 경배하고 그의 이름표를 받는 자는 누구든지 밤낮 쉼을 얻지 못하리라 하더라
>
> - 요한계시록 14장 11절

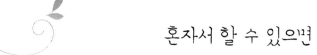

혼자서 할 수 있으면

1968년 스웨덴 남부 하보마을에서 두 팔이 없고, 한쪽 다리가 짧은 중증 장애인으로 태어난 레나마리아는 그의 수기 『발로 쓴 내 인생의 악보』에서 이렇게 말했다.

> "자신이 무언가를 혼자서 할 수 없으면 그때 그 사람은 장애인이지만, 무언가를 혼자서 할 수 있으면 그때는 더 이상 장애인이 아니다. 그래서 나는 더 이상 장애인이 아니다."

무엇인가 혼자 할 수 있는 일이 남아 있다면 그 일이 눈물 한 방울이거나 따뜻한 마음 한 자락일지라도 그 자체로 인생악보가 되기엔 충분하다.

길에서 또 길을 만나다

인간 불가능

인류역사의 중요한 교훈 가운데 하나는 '인간 불가능'이다. 계몽시대와 산업혁명을 거치면서 인류에게 남은 것은 유토피아(지상낙원)뿐이라고 믿었으나 두 번에 걸친 세계대전은 그런 환상을 보란 듯이 깨버렸다. 이처럼 인간의 지식과 교만이 인류에게 안겨준 것은 인간 스스로는 할 수 없다는 사실을 확증시켜준 것뿐이다.

기독교적인 관점으로 볼 때 '인간 불가능'은 어디까지나 하나님에게서 출발하지 않음을 전제로 한다. 개인도 마찬가지다. 태어나서 성장하고 늙어가면서 내가 스스로 할 수 있는 일이 별로 없음을 깨닫고 하나님을 의지하지 않는 한, 제 아무리 위대한 성취와 능력을 자랑한다 해도 결국 모래 위에 지은 집에 불과하다. 인간은 실로 자신의 귀밑머리 한 오라기도 희고 검게 할 수 없는 그런 존재다.

우리는 불행과 슬픔으로 얼룩진 지구촌 구석구석을 보며 '인간 불가능'이라고 하는 말이 결코 회의주의자의 과민반응이 아님을 안다. 그리고 우리가 쌓아가는 역사는 하나님께서 반드시 계서야 함을 더욱 확연히 보여주는 과정임을 부인할 수도 없다.

어둠

사람이 욕망과 탐욕에 사로잡히게 되면 한낮에도 어둠 속을 걷는 것과 매한가지다. 그 결과 작은 웅덩이도 피해내지 못하고, 별것 아닌 돌부리에도 걸려 넘어지며 조금만 길이 굽어 있어도 낭떠러지로 치닫고 만다.

한낮에도 세상이 이토록 어둡게만 느껴지는 것은 낮의 해와 밤의 달이 그 수명을 다한 탓도 아니며, 구름이 빛을 가려 어두운 것도 아니다. 다만 인간 내면의 어둠이 만들어 낸 결과다.

> 우리가 빛을 바라나 어둠뿐이며 밝음을 바라나 암흑 속을 걸을 뿐이다 우리는 앞을 못 보는 사람처럼 담을 더듬고 눈먼 사람처럼 더듬고 다닌다 대낮에도 우리가 밤길을 걸을 때처럼 넘어지니 몸이 건강하다고 하나 죽은 사람과 다를 바 없다
>
> - 이사야 59장 9, 10절

길에서 또 길을 만나다

불평이 정당하려면

테니스 슈퍼스타 아더 애시(Arthur Ashe)는 심장수술 중 수혈과정에서 에이즈에 감염되고 말았다.

그는 이렇게 고백한다.

> "만약 이 병에 대해 '왜 나야?'라고 질문한다면, 나는 내가 받은 축복에 대해서도 '왜, 나야?'라고 반문해야 할 것입니다."

우리가 불행에 관하여 하나님을 향해 '왜 나야?'라는 불평을 당당하게 하려면 그에 합당한 정당성을 가져야 한다. 우리가 갖는 불평의 정당성이 충분히 확보되려면 불평의 조건뿐만 아니라 행복의 조건에 관하여도 동일한 질문을 던질 수 있어야 한다. 즉, 자신이 받은 행복의 조건들에 관하여도 낱낱이 들춰내어 그것에 대해서 '왜 나야?'라는 질문을 할 수 있을 때 비로소 우리는 질문의 정당성을 확보하게 된다.

삶을 긍정하기 위해서는 세상이 나로부터 앗아간 것들뿐만 아니라 나에게 허락된 것들에 관하여도 '왜, 나야(Why Me)?'라는 질문이 필요하다.

공간

　우주공간은 실제로 소리가 나지도 들리지도 않는다. 무중력의 공간에서는 그렇다. 그런데, 하나님께서 지구 행성을 만드시고는 땅과 하늘 사이에 중력이 작동하는 공간을 두셨다. 사실상 창조의 일 가운데 이 공간이 없었다면 그 공간에서 숨 쉬고 살아가는 생명체는 상상할 수 없을 일이다. 그리고 그 공간 안에서 말을 포함한 온갖 소리들이 들린다. 공기가 흐르는 그 공간을 타고 생명은 호흡을 하고 활동한다.

　피조물은 마땅히 자신의 삶의 공간과 그 삶의 빈자리를 기뻐해야 한다. 비록 그 공간이 텅 비어 있더라도 말이다. 삶의 빈 공간을 기뻐할 때 그곳은 비어 있으나 공허하진 않다. 그곳은 부서지는 햇살과 신선한 바람을 따라 들꽃이 기지개를 펴고 나비와 새들이 가로지르며 들토끼와 산노루들로 채워지기 때문이다.

　당신이 살아가는 세상이 어둡고 구석진 곳이라도 그 공간을 아름다운 말과 좋은 소리로 채워낸다면 당신은 이미 창조의 목적을 달성하고 있는 것이다.

길에서 또 길을 만나다

삶은 선물이다

삶이란 도대체 무엇인가? 삶은 어디로부터 왔으며 어디로 가야만 하는가? 내 삶의 소유권과 결정권은 과연 나 자신에게 있는가? 그리고 최종적으로 삶은 무엇을 위해 사용되어야 할까?

삶은 선물이다. 동시에 그 삶은 하나님으로부터 온 선물이다. 그리고 그 삶은 나 자신만을 위한 선물은 아니다. 삶은 함께 나누도록 부여받은 선물이다. 그러므로 나눔과 무관한 삶이란 그것의 크기와 상관없이 오용되고 남용될 수 있다.

하나님은 얼마나 오랜 세월을 화려하게 살았는가를 묻지 않으실 것이다. 다만 당신이 얼마나 많은 이들에게 받은 선물(=삶)을 나누었는가를 물으실 것이다.

작은 것

　큰 것은 확연히 두드러지기 때문에 경계하고 주의를 기울이면 웬만큼은 예방할 수 있다.

　항상 작은 것, 하찮은 것이 문제다. 대수롭지 않게 여긴 작은 것 때문에 넘어지고 망하는 경우가 얼마나 많은가. 불씨 하나가 사방으로 번져나가듯 작은 하나의 결점이 다른 결점을 끌어오고, 그 다른 결점은 또 다른 결점으로 번져나가는 것이 작은 것의 함정이다.

　삶은 그런 것 같다. 큰 것은 큰 대로 작은 것은 작은 대로 그렇게 크고 작은 조각들이 모여 만들어지는 모자이크 말이다.

　작은 것을 향한 온전함이 모여 큰 것과 조화를 만들어 낼 때 비로소 삶의 완성도는 그만큼 넓어지고 높아진다.

나의 고백이 되기를

살면서 고생이나 어려움, 실패나 좌절 없이 마냥 지나온 사람이 얼마나 될까?

영화 '국제시장'은 1·4 후퇴 때 흥남부두에서 아버지를 여의고 어머니와 두 동생을 데리고 간신히 부산에 도착한 소년의 이야기로 시작한다.

국제시장에서 전쟁피난민의 고달픈 생활을 시작한 소년은 가족을 책임지라고 하신 아버지와의 약속을 지키기 위해 그곳 꽃분이네 구멍가게를 평생 떠나지 못한다. 꿈 많았던 청춘을 어머니와 동생을 위해 파독광부로, 월남전으로 떠돌며 파란만장한 고난의 세월로 살아낸 소년은 아버지와의 약속을 지키기 위해 견뎌온 세월을 따라 마침내 인생의 종착점에 다다른 노인이 된다.

그는 영화의 마지막 장면에 이르러 거친 바람 같은 세월을 견디며 살아온 백발과 깊게 패인 주름 사이로 이렇게 고백한다.

> "아부지 내 약속 잘 지켰지예. 이만하면 내 잘 살았지예. 근데 아부지 내 진짜 힘들었거든예!"

험악한 세월을 온몸으로 견뎌낸 한 노인의 고백이 훗날 또 다른 한 노인이 될 나의 고백이 되기를 꿈꿔본다.

별처럼

밝은 태양이 비치는 낮에는 하늘의 별들이 보이지 않듯, 진정한 사랑은 사랑할 만한 밝은 조건하에서는 잘 보이지 않는다.

진짜 사랑이 제 모습을 드러내는 자리는 캄캄한 밤에야 모습을 드러내는 별처럼 상대방이 이해되지 않고 오해가 될 때, 바로 그때 그 자리다. 그런데 사람들은 비로소 사랑을 보여주고 시작해야 할 때 사랑하기를 멈춘다.

비바람 몰아치는 밤하늘 너머에서 변함없이 빛나는 별처럼, 졸지도 멈추지도 않는 사랑. 그 사랑을 믿고 가슴에 품은 사람은 어느 밤하늘 아래서도 반짝이는 별빛처럼 사랑을 시작할 수 있다.

길에서 또 길을 만나다

한 옥타브 높게

한 아이가 울고 있다

진실이 짓밟힌 광장에서 목 놓아 울고 있다

양심의 뜰에 세웠던 진실의 돌기둥(碑)
굳건하던 그날의 목이 부러져 끌려 나간 황량한 뜰
어둠이 짙어가는 빈곳에 서서
한 아이가 외로이 울고 있다

같이 울어줄 동무가 없어 서러운 밤을
한 옥타브˙˙ 높게 울고 있다

** 옥타브(Octave): 라틴어로 8음계를 뜻한다. 8은 완전수 7에 하나를 더한 것으로 흘러넘치는
(much more) 상태를 의미한다.

자기사랑

대체적으로 자신을 사랑하는 사람은 다른 사람에 대하여 친절하고 따뜻하게 대한다. 반면에 자기 자신을 사랑하지 않는 사람은 타인에 대해서도 무정하게 대할 수 있다.

타인을 향한 용서나 용납보다는 경멸이나 보복에 빠지는 일은 그가 자기 자신을 온전히 사랑하지 못함에서 비롯된 것이다.

네 이웃을 네 몸과 같이 사랑하라 하신 그리스도의 말씀의 의미는, 자신을 사랑하는 정도만큼 타인을 사랑할 수 있다는 말이며 자기 자신을 경멸하는 만큼 이웃을 경멸하게 된다는 말이기도 하다.

상처 입은 사람들이 모여 사는 지구촌 구석구석, 과연 무엇이 서로의 상처를 감싸고 치유해 줄 수 있을까?

최소한 자기 자신을 사랑하는 사람이 된다면, 그리고 딱 그만큼만이라도 타인을 사랑할 수 있다면 아직도 아물지 않은 세상의 많은 상처들이 치유의 빛을 보게 될 것이다.

길에서 또 길을 만나다

현대 미개인

진화론자의 입장에서 볼 때 고대인들은 영혼의 상상력과 깊이가 미개했던 것으로 보일 것이다. 고대인들은 낮은 단계의 인간 진화 과정이며 현대인들은 그들보다 정신적으로 영적으로 높은 데 있다고 생각하기 때문이다.

하지만 고대인들이 현대인들보다 훨씬 더 삶과 세계를 진지하게 바라봤을 수 있다. 사실 삶을 대하는 태도에 있어 현대 미개인들이 고대인들보다 오히려 더 퇴화된 상태로 비칠 때가 많다.

과학을 앞세워 우주를 파헤치는 현대인들에 비해 하늘을 두려워했던 고대인들이 더 하늘에 가깝지 않았을까?

현대인들은 과학적이고 합리적인 사고에 있어서 더 진화했을지 몰라도 인간의 영적 감각과 삶을 인식하고 바라보는 태도는 오히려 더 퇴화된 것 같다.

겉보기에는 앞으로 나아가고 있는 듯 보이지만, 실상은 점점 퇴화하고 있으며 풍족한 듯 보이지만 더 빈약해지고 있는 현대 미개인의 내일을 염려한다.

개인과 사회

인간의 양심은 태생적으로 오염된 상태에 빠져 있다. 그뿐만 아니라 그런 인간들의 사회는 굳이 라인홀드 니버가 말한 『도덕적 인간과 비도덕적 사회』를 논하지 않더라도, 개인보다 훨씬 더 심각하게 도덕적으로 어두운 상태 가운데 있다.

가장 작은 사회 단위라고 일컫는 가정에서조차 전통이나 인습을 고수하기 위해 가족 구성원 개개인의 인격과 삶이 말살되고 무시되기 십상이다.

나아가 국가를 비롯하여 크고 작은 온갖 사회조직들을 통해 우리는 또 얼마나 끔찍한 집단 이기주의를 경험했으며, 전체를 유지하기 위해 희생된 수많은 낱낱의 구성원들을 보아 왔던가!

그것이 가정이든 교회든 국가이든 개개인의 자유와 개성을 도외시한 울타리는 튼튼하고 높을수록 이미 개인과 사회를 지키는 담이 아니라 생명의 흐름을 막고 공동체의 오염을 가속화시키는 장벽이 되고 만다.

우리에게 사회 공동체는 운명적으로 주어진 것이지만, 그 사회가 건강하고 평화로우려면 사회의 이념이나 관습이 그 구성원 개개인의 자유와 개성을 억압하지 않아야 한다.

길에서 또 길을 만나다

인생과업

성육신하신 하나님의 아들이 지녔던 최종 목적은 지상에서 사랑을 완성하는 것이었다. 그 외의 모든 것들은 사랑을 위한 준비와 과정이었기에 사랑은 그리스도를 따르는 자를 확증해주는 시금석(試金石)이다.

그리스도인의 삶의 목적지는 십자가이며 삶의 목표는 십자가에서 꽃피운 사랑이다. 그 밖의 모든 것들은 긴 준비작업이다.

> 누군가를 사랑한다는 것은 우리의 인생 과업 중에서 가장
> 어려운 마지막 시험이다. 다른 모든 일은 그 준비 작업에 불
> 과하다.
>
> — 라이너 마리아 릴케

유종의 미

'유종의 미'라는 말은 전국(全國)시대의 일화에서 유래했다.

진(秦)나라의 무왕(武王)은 세력이 커지자 점점 자만하여졌다. 처음 품었던 마음을 잃어버린 것이다. 한 신하가 이를 안타깝게 여겨 왕에게 고하기를 "『시경(詩經)』에 '미불유초 선극유종(靡不有初 鮮克有終)'이라는 말이 있습니다. '미불유초(靡不有初)'는 '처음이 있지 않는 것은 없다'는 뜻이고 '선극유종(鮮克有終)'은 '능히 끝이 있는 것이 적다'는 뜻으로 처음 시작한 것을 끝까지 이루기가 쉽지 않다는 뜻이지요. 대왕께서 천하통일의 대업을 착실히 추진하시어 '유종의 미(有終之美)'를 거두신다면 온 천하가 대왕을 우러러볼 것입니다"라고 했다.

각자의 삶이 유종의 미를 거두었는지를 확증하는 증거 가운데 하나가 바로 비문이 아닐까. 보통 비문에 '누구누구 여기에 잠들다'라고 쓴다. 당신의 비문에는 어떤 글이 남기를 바라는가?

이런 비문도 있다고 한다. '말 많던 아내 드디어 입을 다물다', '제발 아내를 깨우지 말아다오' 어떤 이는 자신의 비문에 기록되었으면 하는 바람을 남기기도 했다. '괜히 왔다 간다(화가 중광).' '나, 열렬하게 사랑했고, 열렬하게 상처받았고, 열렬하게 좌절했고, 열렬하게 슬퍼했으나, 모든 것을 열렬한 삶으로 받아들였다(소설가 공지영).' '몽땅 다 쓰고 가다(한비야).'

길에서 또 길을 만나다

우리는 점이 모여 선이 되듯, 인생의 처음이 끝과 맞닿아 있고 끝이 곧 처음으로부터 시작되었음을 잊지 말아야 한다.

살리는 한마디

당신의 자녀가 당신에게서 가장 많이 듣는 말은 무엇인가? '공부해라!' '게임 그만해!' 이런 말인가?

시인 신달자는 『엄마와 딸』이라는 책에서 엄마의 이 한마디를 자신을 살린 한마디로 내놓는다.

"그래도 마~ 니는 될 끼다."

'그래도 너는 잘될 거야'라는 이 말은 그녀가 힘들어 할 때마다 그녀의 어머니가 해준 말이라고 한다. 그녀가 늪에 빠져 허우적거릴 때, 세상이라는 절벽에서 미끄러져 아슬아슬할 때, 엄마는 꼭 이 말을 그녀에게 했다고 고백한다.

"그래도 마~ 니는 될 끼다!"

곁에 있는 누군가가 힘들어 하거나 포기하려 할 때 당신이 건네줄 한마디는 무엇일까?

길에서 또 길을 만나다

PART 02

시간이 지나간 자리

·

믿으며

시간이 지나간 자리

어린아이가 태어나서 자라는 과정은 단순히 엄마의 젖 하나만으로 가능한 것이 아니다. 아이는 그것과 함께 엄마의 품에 안겨 지나온 기억을 먹고 그 기억을 근간으로 자라는 것이다.

이처럼 우리가 매일의 삶을 살아간다는 것은 과거, 즉 지나간 시간에 대한 기억의 터전 위에서 가능하다. 지난 시간에 담긴 기억을 기반으로 현재와 미래에 대한 용기를 얻고, 더 적극적으로 미래를 향해 나아갈 수 있다.

각각의 미래는 지나간 시간의 질(質)에 따라 결정된다. 시간이 지나간 자리가 밝은 기억이면 미래는 더욱 밝게 빛날 것이다. 반면에 시간이 지나간 자리가 어둡다면 미래는 어둠에 어둠을 더하게 될 것이다.

신앙도 마찬가지다. 기억을 먹고 그 기억 속에서 믿음이 싹트고 자란다. 신앙의 토대인 성경은 수많은 시간이 지나간 흔적이며 시간 속의 사건들이 남겨놓은 역사의 단층(斷層)이다.

우리는 성경을 통해 지나간 시간 속에서 말씀하시고 행동하셨던 하나님에 대한 믿음의 기초를 다진다. 그 속에 남아 있는 하나님의 발자취, 그분의 지문들, 그분의 메아리들을 통해 신앙은 더욱 확고한 믿음 위에 서게 된다.

길에서 또 길을 만나다

십자가로

십자가를 배우러 떠났던 신학도의 길. 십자가를 지기 위해 따라 나섰던 그분의 뒤안길. 그분이 세우려 했던 나라에 가슴 부풀었던 지난날들. 그분이 세운 나라는 골고다 언덕. 우리가 세우려 했던 나라도 그분의 언덕 한 자락.

거리를 나서면 그 언덕 간 데 없고 빌딩 숲만 우거져 누가 높이 세우나 공방전만 치열하다. 낮은 언덕에 작은 십자가 세우리라 했던 맹약은 아련하고 너 나 할 것 없이 빌딩 숲 그늘 한 곳에 판자 집이라도 세우려 안간힘을 쓰고 있다.

후끈 달아오른 아스팔트 위로 그분이 오르셨던 비포장 그 언덕길 흙냄새가 그립다.

> 나는 나를 필요로 하는 곳에 가서/내 손으로 흙벽돌을 쌓고/작은 십자가를 세우리라/십자가로 사람들 속이지 않으리라/십자가로 사람들 겁주지 않으리라/십자가로 사람들 누르지 않으리라/십자가로 사람들 빼앗지 않으리라/십자가로 사람들 상처주지 않으리라/십자가로 내 뜻 세우지 않겠노라/십자가로 오직 예수의 사랑만 전하리라
>
> – 도한호 '나의 꿈'

찾아오시는 하나님

'진리는 발견하는 것이 아니라 계시되는 것이다'라는 말처럼 기독교 신앙은 찾아가는 것이 아니라 먼저 찾아오시는 하나님을 만나는 것이다.

신앙은 그분이 먼저 인간을 사랑하시고 말씀하시고 행동하심에서 시작하여 그분의 부르심에 응답하는 인간의 반응으로 완성된다. 헤셀은 『사람을 찾는 하나님』에서 "신앙이란 자아를 초월하는 인간이 세계를 초월하는 그분에게 응답하는 행위"라고 했다. 즉, 인간은 먼저 질문을 하는 자가 아니라 그 전에 이미 질문을 받은 자이다.

애당초 인간의 역사는 동산나무 사이에 숨어서 '네가 어디 있느냐?'라는 질문을 받음으로써 시작된 것이다. 그러므로 신앙은 인간의 탐구와 열망에서 시작되는 것이 아니다. 시작은 하나님이다. 먼저 나를 발견하시고 찾아오시는 하나님 안에 있는 나를 똑바로 직시하는 것이다.

이와 관련하여 M. 부버는 『신의 일식』에서 이렇게 말한다.

> 오고 계신 분은 신비의 세계에서부터 찾아온 것이지 결코
> 우리 인간의 강제에 의해서 무리하게 끌려 온 것은 아니다.

미신이냐 신앙이냐

　미신(magic)과 신앙(religion)에는 어떤 차이가 있을까?

　신앙은 신으로부터 주어진 뜻을 인간이 믿음을 통해 받아들이는 것이다. 그러나 미신은 인간에 의해 신의 뜻이 조작된다. 미신은 내가 신의 의지를 통제함으로써 신의 뜻을 만들어 낼 수 있다고 자만한다.

　소위 신앙의 울타리 안에서 지도자라고 자처하는 이들이 스스로 신의 뜻을 조작하고 가르치려는 시도가 만연하다. 그 결과 신앙의 세계가 천박한 미신으로 추락하는 일이 다반사(茶飯事)가 되고 말았다.

초합리적 신앙

일찍이 터툴리안은 "예루살렘과 아테네가 무슨 상관이 있는가?"라고 했다. 즉, 신앙(faith)의 세계와 이성(reason)의 세계 사이를 적대적으로 본 것이다.

그런데, 신앙은 비합리적(irrational)이고 이성은 합리적(rational)이라는 이분법적 주장이 전적으로 사실인 것만은 아니다. 오히려 이 두 영역을 통합함으로써 신앙은 이성을 무시하지 않고, 이성도 신앙을 무시하지 않아야 한다.

신앙의 대상이 '이성과 신앙을 초월하는 하나님'이라면 참 신앙은 이성과 신앙을 아우르는 '초합리적(super-rational)' 세계로 보아야 한다.

먹어야 산다

먹어야 산다.

아이가 태어나면 가장 먼저 하는 행동이 우는 것과 먹는 것이다. 첫 울음을 운다는 것은 바야흐로 첫 호흡을 시작한다는 것이며 젖을 빤다는 것은 생명유지를 위한 첫 걸음을 내딛고 있다는 말이다. 마찬가지로 숨을 내쉬는 일과 음식을 먹고 마시는 일을 멈춘다는 것은 곧 살기를 멈춘다는 말이다.

예수는 자신을 가리켜 '생명의 빵(밥)'이라고 했다.

> 예수께서 그들에게 말씀하셨다. 내가 생명의 빵이다. 내게로 오는 사람은 결코 주리지 않을 것이요 나를 믿는 사람은 다시는 목마르지 않을 것이다
>
> - 요한복음 6장 35절

그리스도인에게 기도는 영혼의 호흡이며 성경 말씀은 영혼의 밥이다. 기도와 말씀 묵상을 통해 우리는 하나님을 만난다. 아니, 하늘로부터 내려오는 생명을 호흡하고 먹는다.

이성과 감정 사이

신앙생활은 양 극단을 조심해야 한다. 구분 없이 영적인 감성이나 느낌들을 높이 평가해서도 안 되고 구분 없이 모든 종교적인 감정들을 거부하고 무시해서도 안 된다.

신앙은 불과 같아서 뜨거운 열뿐만 아니라 밝은 빛도 함께 있어야 한다. 즉, 뜨거운 감정뿐 아니라 이성을 통한 이해의 빛도 가지고 있어야 한다는 말이다.

신앙은 불이 되는 것이다. 불은 그 열기와 함께 빛이 드러날 때 비로소 올바르게 불타오른다. 불이 타오를 때에는 반드시 그 불은 밝게 빛나야 한다.

샘물처럼

가장 참되어야 할 종교적 열심에 의외로 가짜가 많다.

J. 에드워즈는 그의 명저 『신앙과 정서』에서 참된 신앙에 관하여 이렇게 말한다.

> 참된 종교는 인간이 꾸며낸 인공적인 것이 전혀 아니다. 그것은 우리의 상상력 속에서 끓어 올라온 것도 아니고, 열정을 통해서 솟아나온 열기도 아니다. 참된 영성은 새로운 본성에서 나오는 자연스러움과 지극한 온유와 겸손이며 외식이나 억지가 존재하지 않는다. 순간적이고 일회적이지도 않다. 지속적인 하나의 성품이며 샘솟는 듯한 흐름이다.

광풍처럼 휘몰아치거나 화염처럼 휩쓸기보다는 샘물처럼 솟아 맑게 흐르는 신앙이야말로 세상의 빛으로 자처하는 기독교가 드러내야 할 마지막 자화상이 아닌가.

치명적인 사실

통치자는 진실과 희망과 소통으로 다스린다. 그런데 백성들은 진실은 부담스러워하고 희망은 버거워하며 소통은 귀찮아한다. 그리고 자유를 주면 망설인다.

성직자는 진실과 희망과 소통으로 이끌어야 한다. 그런데 성도들은 진실은 부담스러워하고 희망은 버거워하며 소통은 귀찮아한다. 그리고 자유를 가르치면 방종에 이른다.

더 치명적인 사실은 성직자가 진실을 말하지 않고 거짓된 희망을 부추기며 아집과 독선으로 다스리려 한다는 것이다. 그리고 자유가 아니라 공포를 조장하여 지배하려 한다.

길에서 또 길을 만나다

기독교

어떤 학자가 기독교에 관해 다음과 같이 말했다.

> 기독교는 일찍이 하나님과의 관계(relationship)로 시작해서
> 아덴에서는 철학(philosophy), 로마에서는 조직(institution),
> 미국에서는 기업(enterprise)이 되었고 이제는 하나의 오락
> (entertainment)이 되었다.

그리고 기독교가 한국에 와서는 미신(迷信)과 기복(祈福)으로 덧칠되고 말았다.

기독교가 진정 하나님과의 관계에 기초한 살아있는 신앙을 담아내기 위해서는 일찍이 잃었던 '하나님과의 관계'를 다시 회복해야 한다.

절대 믿음

　　자연과학의 연구방법은 귀납적(歸納的)이다. 그래서 개별적인 사실들을 증명하여 마침내 일반적인 원리를 끌어낸다.

　　그러나 하나님에 대한 이해는 매우 연역적(演繹的)이다. 이미 '하나님은 존재하신다'는 결론을 가지고 구체적인 사건이나 사물을 통해 그분의 존재가 증명된다.

　　성경은 하나님은 창조주로, 인간은 피조물로 규정한다. 그리고 피조물은 경험을 통해 창조주를 증명해야 한다. 이 과정에서 창조주와 피조물인 인간의 관계는 '절대믿음'을 필요로 한다.

> 믿음으로 세계가 하나님의 말씀으로 지어진 줄을 우리가 아나니 보이는 것은 나타난 것으로 말미암아 된 것이 아니니라
> － 히브리서 11장 3절

길

　기독교는 인간이 신을 찾아 떠나는 고행(苦行)이 아니다. 기독교의 신은 인간이 스스로의 필요를 위해 불러낸 요정도 아니다. 혹은 마침내 신을 발견하고 그 신을 내 집 뜰 안에 가두어 두기 위함도 아니다.

　기독교의 신앙은 내가 하나님을 붙잡기 위해 안간힘을 쓰는 것이 아니라 하나님의 품 안에 있는 나를 발견하는 일이다.

　하나님을 찾아 방황하지 말고, 하나님 안에서 방황의 종지부를 찍을 때 비로소 기독교 신앙은 시작된다.

　오! 그분 안에 있는 나를 만나는 일치와 연합의 길. 그 길고도 좁고도 아름다운 길.

성경과 나

신앙은 결국 성경과 나의 문제다. 성경과 나의 관계가 어떻게 설정이 되어 있고 성경과 나 사이에 무슨 일이 벌어지며 어떤 사건이 일어나는지가 관건이다. 성경과 나 사이의 넓이와 깊이가 어느 정도인지에 따라 신앙의 내용도 그에 비례한다.

성경을 신문 보듯 읽지 말고 가정에 온 편지와 같이 읽으라. 만일 하늘나라의 과일 송이가 손 닿는 데 열려 있거든 그것을 싸서 모아라. 만일 백지 수표와 같은 어떤 약속이 어느 페이지에 있거든 그것을 현금으로 바꾸라. 만일 기도가 기록되어 있거든 그 기도를 내 기도로 하고, 그대의 소원의 활에서부터 깃털을 단 화살처럼 그것을 쏘아 보내라. 만일 거룩의 모범이 그대 앞에 비치거든 그대도 거룩하게 되기 위하여 하나님께 간구하라. 만일 진리의 광채가 그 속에서 발산되거든 당신의 생의 영역에도 그 광채가 비추도록 하라.

- 메이어(F. B. Meyer)

길에서 또 길을 만나다

천국열쇠

예수 그리스도는 자신을 믿고 따르는 자에게 천국열쇠를 주겠다고 하셨다. 그리고 그 열쇠의 기능은 매고 푸는 일이라고 말씀하신다.

그리스도인들은 하늘을 열고 닫는 열쇠를 받아 쥐고 있다. 그러므로 천국열쇠를 받아 쥔 그리스도인은 땅에서 하늘의 매는 기능과 땅에서 하늘의 푸는 기능을 동시에 감당해야 한다.

지금은 그리스도인들이 천국열쇠를 잃어버린 것은 아닌지, 혹은 천국열쇠가 있는지도 모르는 것은 아닌지, 아니면 천국열쇠로 재물과 권세의 문을 열고자 억지 부리고 있는 것은 아닌지를 돌아볼 때다.

> 진실로 너희에게 이르노니 무엇이든지 너희가 땅에서 매면 하늘에서도 매일 것이요 무엇이든지 땅에서 풀면 하늘에서도 풀리리라
> – 마태복음 18장 17절

기도의 기초

우리는 어떻게 앞으로 다가올 이해할 수 없는 시련과 위기를 신앙적인 관점으로 이해하고 받아들일 수 있을까?

이와 관련하여 세워야 할 기도의 기초는 바로 '하나님이기 때문에 하나님을 믿음'이다. 우리는 기도를 할 때 하나님을 믿는 믿음의 기초 위에 무릎을 꿇어야 한다. 하나님을 믿는 믿음은 바로 그분이 하나님이기 때문이다.

사도행전 27장에는 죽음의 그림자가 짙게 드리운 뱃머리에 서서 삼킬 듯이 몰아치던 광풍을 가로질러 "나는 내게 말씀하신 그대로 되리라고 하나님을 믿노라"라고 외치던 사도 바울의 위풍당당한 모습이 나온다. 믿음은 하나님을 끝까지 붙잡는 것이다. 비록 먹구름에 장대비가 쏟아져도 그 구름 너머에는 파란 하늘이 있음을 믿는 것처럼 말이다.

환경의 변화와는 무관하게 하나님을 신뢰할 수 있는가? 왜 나에게 이런 일이 벌어졌는지를 이해할 수 없을 때조차도 그분이 하나님이라는 단 한 가지 이유로 인해 마음의 평화를 얻을 수 있을까? '내가 기도하는 대상이 하나님이기 때문에' 말이다.

길에서 또 길을 만나다

한 사람

한 사람의 그릇된 행동이 미치는 영향력은 수없이 많다. 반면에 한 사람의 올바른 행동이 전체 공동체에 끼치는 영향력도 놀랍다.

소련하면 스탈린, 스탈린 하면 대숙청. 스탈린은 대숙청의 마수이자, 수백만 인민을 자기 손으로 처단한 악명 높은 지도자다. 독일의 나치가 10년 정도의 학살극을 벌였다면, 구소련의 스탈린에 의해 자행된 피의 숙청은 장장 50년을 넘나든다. 알렉산더 솔제니친은 『수용소군도』에서 스탈린 한 사람에 의해 자행된 끔찍한 역사를 고발한다. 그가 벌인 피의 파티에 의해 최소한 2천만이 숙청되었고 170만 명이 구속되었다. 약 144만 명이 형을 받았고 이 중에 72만 명은 처형당했다. 한 사람으로 인해 빚어진 불행의 역사가 아닐 수 없다.

성경에 나타나는 인간의 역사는 한 사람으로부터 시작되며 한 사람으로 말미암아 완성된다. 즉, 한 사람의 죄와 타락은 전 인류에게 심판과 사망을 가져왔으며, 마찬가지로 한 사람 예수 그리스도로 인해 전 인류에게 구원과 생명이 주어졌다는 것이다.

바로 이 한 사람 예수그리스도를 믿는 믿음이야말로 기독교의 핵심이다.

세상 속에서

세상에 속해 있으면서 동시에 천국에 속한 사람의 모습은 어떠해야 할까?

그리스도인의 모습이 그리스도를 따라가는 것이 맞는다면, 그들은 세상 속으로 들어가야 하고, 그 세상 속에서 싸워야만 한다. 그리고 동시에 세상으로부터 벗어나 있어야 한다.

세상으로 들어가고, 세상 속에 머물고, 세상 밖으로 나와 있음은 그리스도인의 숙명이다. 만약 그리스도인이라고 하면서 이 세 가지 숙명을 따르지 않는다면 스승 예수의 제자라는 자화자찬은 그만둘 일이다.

그리스도인은 세상을 책임지고 품어야 하지만, 그 세상과 함께 더러워져서는 안 된다. 이것이 세상을 구원하고 세상과 함께 살고 세상을 치유하는 길이다. 그리스도를 따르는 제자의 길이다.

길에서 또 길을 만나다

하나님은 어디에

두 형제가 너무 말썽꾸러기여서 부모가 어찌할 수 없었다. 그래서 담임목사님에게 아이들과 대화를 나눠주시기를 부탁했다.

목사는 동생을 먼저 불러 앉혔다. 그리고 아이가 하나님에 대해서 먼저 생각해 보기를 원했기에 "하나님은 어디 계시지?"라는 질문으로 대화를 시작했다.

아이가 대답을 하지 못하자 엄한 어조로 다시 물었다. 그래도 대답하지 않자 목사는 답답해져서 아이의 얼굴을 향해 손가락을 흔들어대며 소리를 질렀다. "하나님이 어디에 계시냐니까?"

겁에 질린 아이는 사무실을 뛰쳐나와 옷장 속에 숨어버렸다. 형이 와서 물었다. "왜 그러니?" "형, 우리 이제 큰일났어. 하나님이 없어졌는데 우리가 그랬다고 생각하시나 봐."

하나님은 지금 여기에 계시다! 인간의 자리는 언제나 지금 여기에 임하여 계시는 하나님 앞이다.

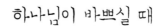

하나님이 바쁘실 때

조물주 하나님은 과연 바쁘실까? 세상 다 만들어 놨겠다, 게다가 만들어 놓은 세계와 만물은 만드신 그분의 의도와 명령을 따라 제자리에서 저마다의 빛을 발하고 있다. 예고 없이 떨어지는 여름 하늘의 별똥마저도 제 할 일을 해내고 있는 것이다. 그렇게 보면 사실 조물주께서 딱히 바쁠 일이 무에 있겠냐 싶다.

혹, 그래도 하나님에게 바쁜 일이 있다면 그것은 오직 하나 바로 '사람' 때문이리라. 먼 우주의 어느 별에서부터 여기 작게 핀 들꽃 하나에 이르기까지 어느 것 하나 제자리를 벗어나거나, 제 할 일을 마다하는 피조물이 없는데 오직 저 잘난(?) 사람만 일찍이 제자리를 떠나 제 할 일을 잊고 제 멋대로 산다. 그런 탓에 하나님이 바쁘시다면 필시 사람 때문일 것이다. 사람의 배신과 반역이 낳은 사생아들을 돌아보시느라, 사람이 팽개치고 떠난 자리를 정돈하시느라, 사람이 망가뜨리고 버려놓은 온갖 것들을 고치시느라 바쁜 것이다.

길에서 또 길을 만나다

십자가를 붙들라

칼 바르트는 이렇게 말했다.

"그리스도를 십자가에 못 박은 것이 바로 종교다."

거듭난다는 것은 자아가 죽고 그리스도 안에서 다시 태어난다는
말이다. 이렇게 되기 위해서는 자기 확신으로 회칠한 종교(religion)를
초월해야 한다.

회칠한 무덤의 더욱 심각한 상태는 자기만의 확신과 자신만의 신
념을 절대화하는 데 있다. 절대화된 자기 확신은 점차 흉악해져 자
신과 공동체를 집어삼키게 되고 마침내 거대한 공동묘지를 형성하
게 된다.

회칠한 무덤으로부터 벗어나려면 종교를 내려놓고 십자가를 붙들
어야 한다.

고백하고 드러내기

인간의 피 속에는 고백하고 드러내기보다는 속이고 감추기를 원하는 본성이 있다.

교회 공동체는 용서받은 죄인들의 공동체이다. 세상에 있는 동안 우리는 실수와 죄로부터 무관하게 살 수 없다. 교회는 죄가 드러난 그곳에서 시작해서 십자가의 은혜를 누리는 공동체이다. 그럼에도 불구하고 교회만큼 서로의 실수와 약함을 드러내기 힘들고 어색한 곳도 없다. 교회당 문턱을 넘어 들어서는 순간 자신이 용서받은 죄인이며 여전히 죄 가운데 살고 있음을 재빠르게 잊어버린다. 그리고 마치 하늘에서 갓 내려온 천사인 양 기도하고 노래하고 악수하고 포옹한다. 한 번도 진지하게 주님과 형제자매 앞에서 고백되지 않았던 죄악을 품은 채 말이다. 그리고 마치 가면무도회를 하듯 그렇게 저마다의 가면을 쓰고 서로 위안을 받는다. 이런 상황에서 누가 감히 가면을 벗고 자신의 본래 모습을 보이려 하겠는가?

만약 누군가가 죄를 고백하고 주님의 용서와 서로에 대한 용서를 경험하고자 한다면, 그는 공동체로부터 외로운 섬으로 살아야 할지도 모른다.

리처드 포스트가 『영적훈련과 성장』에서 말했듯이 우리의 인간성은 변화되어야 한다. 그리고 변화를 위해 하나님께서는 고백을 통한 치유의 공동체를 부여하셨다.

놀라운 일

"얼마나 놀라운 일인가!
번개를 보고도 삶이 한 순간임을 모르다니"***

그렇다. 우리 대부분은 삶이 한 뼘도 되지 않음을
삶이 스쳐가는 그림자와 안개 같음을 알면서도
바로 그 삶의 민낯을 애써 대면하려 하지 않는다

삶의 짧음뿐만 아니라 진리와 거짓
즉 빛과 어둠에 관하여도 마찬가지다

얼마나 놀라운 일인가!
어둠 속에 갇혀 있으면서도
자신이 어둠 속에 있음을 모르다니
얼마나 놀라운 일인가!
빛이 어둠에 비치나
어둠이 그 빛을 깨닫지 못하다니
얼마나 더 놀라운 일인가!
빛의 자녀들이 종종 어둠의 시녀가 되려 하다니

> 빛이 어둠에 비치되 어둠이 깨닫지 못하더라
> - 요한복음 1장 5절

*** 마츠오 바쇼(松尾芭蕉)

어디서부터 잘못되었을까?

어느 유명 잡지에 이런 이야기가 실렸다.

아파트에 사는 초등학생 아이들이 학교 앞에서 50원짜리 노란 병아리를 무더기로 사기에 호기심이 나서 따라가 보았더니 글쎄 생생한 노란 병아리들을 고층 아파트 옥상에서 마구 떨어뜨리더라는 것이다. 하나도 얼굴이 변하지 않은 채 오히려 신이 나 노래까지 부르면서 누구 병아리가 오래 사는지를 내기하면서 말이다.

인간은 어디서부터 잘못되었을까? 철부지 어린아이들의 행동에서 우리는 악(惡)이 한순간 감염되었거나, 누군가에 의해 덧칠된 것이 아님을 알 수 있다.

악은 이미 어머니의 태중에 자리를 잡기 전 그 몸의 피 속에서 세상을 노려보고 있었던 것이다.

길에서 또 길을 만나다

자기중심성

인간은 태어나는 것보다는 태어나지 않음이 좋고, 태어난
이상은 하루 빨리 죽는 것이 좋다. 자살이야말로 신에게 거
역할 수 있는 인간의 특권이다.

- 쇼펜하우어

신에게 거역하는 인간, 거역의 최종 수단으로 자살을 택하기도 하
는 인간은 신의 자리를 찬탈하고 차지하든지 그도 아니면 신으로부
터 떠나 영원히 돌아오지 않는 탕자가 되고 싶은가 보다.

이렇든 저렇든 인간이 염세주의자로 전락하는 것은 마음먹은 대
로, 하고 싶은 대로 뭐든 다 해야만 직성이 풀리는 자기중심성을 버
리지 못함 때문이 아닐까?

인간이 태어남은 잃어버린 인간의 자리를 되찾기 위함이며 동시에
되찾은 곳으로부터 드높은 곳으로 옮아가기 위함이다.

초자연의 원리

세상 돌아가는 원리는 크게 두 가지다.

물리적 혹은 자연적 원리가 그 하나이며 다른 하나는 신적 원리 혹은 초자연적 원리다. 물리적 원리는 우리가 매일 먹고 마시는 과정을 통해 경험하는데, 반면에 초자연의 원리는 믿음이라는 통로를 통해서 경험할 수 있는 것이다. 사람들은 초자연의 원리가 자연 속에서 역사할 때 그것을 가리켜 흔히 기적이라고 부른다.

그런데 초자연이라고 부르는 일들은 사실 하나님에게는 너무나 자연스러운 일이다. 그렇다면 그런 하나님을 내 사업과 가정과 학교와 직장에서 최고 CEO로 혹은 최고의 실력을 갖춘 스승으로 인정하는 것은 지극히 당연하지 않을까.

하나님은 삶의 과정에서 결정해야 할 수많은 일들, 내게 필요한 모든 지식, 지혜와 무관한 분이 아니다. 그분은 자연세계와 물리적이고 이성적인 세계뿐만 아니라, 필요하다면 자연에서는 불가능하고 이성적으로도 가능하지 않은 일까지도 실행 가능한 분이다.

그리스도 안에는 지혜와 지식의 모든 보화가 감추어져 있느니라
- 골로새서 2장 3절

길에서 또 길을 만나다

숨바꼭질

하나님의 무소부재(無所不在), 즉 '하나님은 어디에나 존재하신다'는 사실은 하나님의 절대 속성 가운데 하나다.

그런 속성을 가지신 하나님이시지만 그분은 종종 우리 가운데 숨어계시며 우리와 숨바꼭질을 하신다. 그분께서 숨기를 즐겨하시는 곳은 굶주린 자와 목마른 자, 나그네와 헐벗은 자, 병든 자, 심지어 옥에 갇힌 자들 속이다.

> 내가 주릴 때에 너희가 먹을 것을 주지 아니하였고 목마를 때에 마시게 하지 아니하였고 나그네 되었을 때에 영접하지 아니하였고 헐벗었을 때에 옷 입히지 아니하였고 병들었을 때와 옥에 갇혔을 때에 돌보지 아니 하였느니라 하시니
>
> - 마태복음 25장 42, 43절

하나님은 오늘도 숨어 계시며 자기를 찾아내 보라고 부르신다. 내가 외면한 가난한 자 속에, 작은 자 속에, 억울한 자와 버림받은 자속에, 힘없고 연약한 자 속에, 헐벗고 굶주린 자들 속에, 파산하고 병든 자들 속에 숨어계시면서.

> 신 존재에 승부를 걸고 신을 갈구하는 자에게 숨은 신은 나타난다.
>
> - 블레즈 파스칼

희생

　그리스도를 믿는다는 것은 그리스도를 따른다는 것이다. 그리스도를 따르다 보면 불편과 불이익을 당할 수 있다는 것과, 그것이 순결과 정의로움을 증명하는 가장 효과적인 방법이 될 수 있다는 것을 알게 된다.

　그리스도께서 잡혀왔고 희생당하신 이유는 그에게 아무런 흠도 점도 찾을 수 없었기 때문이다. 그런 희생이 그분의 길이었고 그분을 따르는 자들이 또한 가야 할 길이다.

　억울하게 희생당하는 일에 대하여 때론 그리스도처럼 침묵함으로 앙갚음이나 분풀이를 통해서는 얻을 수 없는 어떤 것을 품에 안을 수 있다. 정의와 평화, 그리고 자유와 같은….

　손익계산서를 작성하기에 '희생'이라는 두 글자는 언제나 숫자를 넘어설 때가 많다.

신앙의 내용

어느 신학자가 "신앙의 내용은 너무 고와서 논리의 체로 걸러지지 않는다!"라고 했다.

신앙의 대상인 하나님은 인간의 논리를 초월해 계신다. 그분과의 관계는 눈으로 입증하기에는 너무나 미세하여 이성과 논리의 망으로는 다 가둘 수 없다.

논리에 근거한 교리가 너무 커지면 신앙을 잠식하게 되고 스스로 밝은 듯하지만 영적 일식(日食)에 빠질 수 있다. 그러므로 하나님과의 관계 향상을 위해서는 최소의 논리와 최대의 신앙이 가장 이상적인 조합이다.

인생의 목적과 필요

자신의 이기적인 욕망(needs)에다 인생의 목적을 맞추는 것이 타락한 자의 전형적인 모습이다.

집을 짓기 위해서는 벽돌이 필요하다. 그렇지만 벽돌만 쌓아 둔다고 집이 되는 것은 아니다. 마찬가지로 나의 필요만을 쌓아가는 것이 인생의 목적이 될 수 없다.

특히, 신앙의 핵심은 인간의 필요를 충족시키는 데 있지 않다. 필요는 목적을 위해 준비되어질 뿐이다. 자신에게 필요한 이것저것을 위해 하나님을 이용하려만 한다면 이것이야말로 목적지도 없이 '추락하는 일'이 목적이 되어 버린 어리석은 인생이다.

올바른 신앙생활은 필요가 목적(하나님의 뜻)을 정당화하지 않고 오히려 목적이 필요(나의 뜻)들을 정당화하는 삶이다.

길에서 또 길을 만나다

너는 복이 될지라

구약성경에 믿음의 조상이라 불리는 아브라함에 관한 기사를 보면, 하나님께서 아브라함을 찾아오셔서 세계의 운명이 아브라함에게 달려있다는 듯 말씀하신다.

> 내가 너로 큰 민족을 이루고 네게 복을 주어 네 이름을 창대하게 하리니 너는 복이 될지라
> 너를 축복하는 자에게는 내가 복을 내리고 너를 저주하는 자에게는 내가 저주하리니 땅의 모든 족속이 너로 말미암아 복을 얻을 것이라 하신지라
>
> - 창세기 12장 2, 3절

지금도 하나님은 사람을 부르고 말씀하신다.

너는 복이 될지라!

당신은 당신에게서부터 시작되는 또 하나의 인류의 조상이다. 당신으로 인해 세계는 그 운명이 결정된다.

지금은 울 때다

C. S. 루이스는 그의 책 『우리가 얼굴을 찾을 때까지』에서 인간은 자신의 얼굴을 잃어버린 채 거짓의 가면을 쓰고 살아가는 가련한 존재로서, 상실한 얼굴을 찾기 위해서는 신의 얼굴과 대면해야만 하고, 그 신의 얼굴을 통해 참된 자신의 얼굴을 되찾을 수 있다고 말한다.

> 지금은 울 때다. 사람으로 태어난 것이 부끄럽다. 사람의 얼굴에서 하나님의 형상이 살아 있도록 지키지 못한 종교 앞에서, 종교인이라 불리는 것이 난처한 일이 되고 말았다. 이 밤을 어찌할 것인가? 이 밤을 어찌할 것인가?
> - 아브라함 조수아 헤셸

사람으로 태어난 것이 부끄러울 때가 많다. 과연 사람의 얼굴에서 하나님의 형상을 되찾을 수 있을까? 기나긴 이 밤은 새벽을 기약해도 될 밤인가?

그래도 희망을 품어야 한다. 용기를 내어 거짓을 매장할 수 있다면 말이다.

길에서 또 길을 만나다

지혜로운 자

한 인간이 태어나서 나이를 먹어간다는 것은, 내가 할 수 있는 일이 점점 많아지므로 독립적으로 변해간다는 말일 것이다. 그렇지만 하나님을 섬겨 살다 보면 '내가 할 수 있어!'보다는 '그분만이 할 수 있어!'라는 영혼의 고백이 점점 많아짐을 느낀다.

에덴동산의 비극은 인간 내면의 교만, 즉 하나님 없이도 살 수 있고, 하나님 없이도 모든 것이 가능하다는 그릇된 앎의 결과였다.

'모르는 게 약이다'라는 옛말처럼 앎은 중요하지만 그 아는 것이 하나님을 저버리게 하는 것이라면 차라리 모르는 게 낫다. 하나님과 무관한 인간의 지식과 문명이야말로 현대판 바벨탑이 아닌가!

시편39편 4, 5절에서 시인은 인간의 연약함과 무지함을 이렇게 표현한다.

> 여호와여 나의 종말과 연한의 어떠함을 알게 하사 나로 나의 연약
> 함을 알게 하소서 주께서 나의 날을 손 넓이만큼 되게 하시매 나의
> 일생이 주의 앞에는 없는 것 같사오니

그렇다. 가장 현명한 사람은 절대자 앞에서 스스로 자신의 연약함을 알고 인정하는 사람이다.

하나님의 손자

'하나님에게 자녀는 있지만 손자는 없다'라는 말이 있다. 이 말의 의미는 신앙은 철저히 그것을 가진 당사자와 신앙의 대상인 하나님 사이에서 일어나는 사건이며 상호관계의 증진이라는 뜻이다.

그렇다. 신앙의 관계는 나와 하나님 사이에 십자가 외에는 그 무엇도 개입되어서는 안 된다.

그리고 누군가가 타인의 신앙을 등에 업고(자신은 하나님과 무관하면서) 마치 하나님의 손자나 된 것처럼 으스대거나 방심한다면 그 사람이야말로 가장 어리석고 불쌍한 사람이다.

길에서 또 길을 만나다

바느질

찢어지고 해진 것을 꿰매어 바로잡기 위해서는 바늘과 실이 필요하다. 우리의 마음도 삶도 공동체도 갈아치우지 않으려면 언제나 바늘(원칙)과 실(관용)이 필요하다.

원칙과 관용은 함께 살아야 하는 이들에게 없어서는 안 될 필수 아이템이다. 만약 이 두 가지 가운데 한곳에만 집중하면 두 눈 가운데 한 눈이 없는 것과 다르지 않다. 신이 눈을 두 개 허락하시고 귀도 두 개를 허락하신 것은 원칙과 관용에 관하여 귀를 열어두고 눈도 열어 두라는 것이 아닐까. 그리고 입이 하나인 것은 귀와 눈으로 들어온 원칙과 관용이 편견이나 독선 없이 하나뿐인 입을 통해 전달되기를 바라심은 아닐까.

원칙도 무너지고, 관용도 빛바랜 세월을 온몸으로 견뎌내야 하는 우리와 저들, 그리고 다음 세대들.

호롱불 아래 밤늦도록 바느질하시던 어머니의 찬송 소리가 그립다.

잃어버린 세월

세월이 약이 되기도 하지만, 세월이 독이 되기도 한다.

오랜 세기를 지나는 동안 하나님의 교회는 너무 비대해지고 그 관심의 영역이 세속화되어 왔다.

역사의 수레바퀴를 이끌어야 할 교회는 찌꺼기를 운반하느라 닳고 닳았다. 어쩌면 죄악을 마시며 한 6일을 살다가 7일째 교회당에 나와 더러워진 영혼에 회칠을 받고 가는 일이 예배인지도 모르겠다.

생명력을 잃어버린 세월, 죽고 다시 태어나는 갱신(更新) 없는 세월, 바닥에 쌓인 검은 퇴적층이 되어버린 세월은 그 자체로 독이 되어 역사의 강물을 오염시키고 있다.

길에서 또 길을 만나다

재앙

그릇된 확신과 신념은 거의 재앙의 수준이다. 그것이 오래되어 전통과 관습이 되어버린 경우에는 한층 더 치명적인 결과에 이른다.

지구가 우주의 기둥이라 믿던 시절, 그 지구가 태양의 주위를 돈다고 믿었던 사람들도 있었다(이런 생각을 제일 먼저 한 사람은 코페르니쿠스이고, 갈릴레이가 영향을 받았다). 그러나 진실을 말했던 갈릴레이의 책은 모두 압수되어 불태워졌고 그는 평생 집안에 갇혀 가택연금 상태로 살아야 했다.

르네상스와 산업혁명은 인류역사에 유례없는 대반전을 가져왔다. 두 날개를 통해 인류는 천국 언저리까지 날아오를 것이라 확신했다. 그런데 그 우렁찼던 날갯짓은 두 번의 세계대전을 통해 보란 듯이 꺾여 버렸다.

히틀러는 진화론에 심취하여, 우수한 혈족을 보존하고 열등한 종족을 말살하면 위대한 세상이 건설된다고 확신했다. 그의 그릇된 확신과 신념은 세계 2차 대전이라고 하는 최악의 결과를 낳았으며, 그 결과 200만 명을 단종처리 했고, 600만 명의 유대인을 학살했다. 그릇된 확신과 신념은 얼마나 큰 재앙인가!

기독교의 신비

기독교의 매력은 세상이 갖지 못한 신비를 가지고 있음에 있다. 그리고 그 신비는 예수 그리스도 안에서 발견된다. 예수로부터 발견되는 신비는 그의 기적과 능력에 있기보다 오히려 그의 성육신과 고난과 죽음에 있다.

어거스틴은 예수의 성육신에 관하여 이렇게 표현했다.

> 별들의 통치자이신 인간의 창조주가 어머니의 가슴에서 보살핌을 받았다. 생명의 빵이 배고픔을 느끼고, 영원히 솟아나는 샘물께서 갈증을 느끼셨다. 세상의 빛이 드러나지 않았고, 진리의 길이 여행에 지쳤다. 영원한 진리가 거짓 증인들에게 고소당하고, 진리의 스승이 채찍에 맞고, 우주의 기초께서 나무 위에 매달렸다. 강한 능력이 나약해졌고, 치유자가 상처를 입었으며 생명이 죽임을 당했다.

기독교가 성육신과 십자가의 신비를 품고 있을 때 세상의 시선은 조롱과 비아냥이 아니라 두려움과 흠모로 바뀔 것이다.

길에서 또 길을 만나다

하나님의 일

혜셸은 "삶이란 내 것이 아니라 하나님의 시간을 가지고 해내는 하나님의 일"이라고 했다. 이 말은 삶이란 우리가 소유해야 할 어떤 것이 아니라 함께 나누어야 할 하나님의 선물이라는 말이다.

그리스도인은 시간과 일을 통해 하나님과 사람을 사랑하도록 부름 받았다. 하나님의 일을 대행하는 사랑의 과정에서 조심할 것이 있다. 사랑의 행위가 혹시나 자기 사랑의 교묘한 다른 표현은 아닌지, 사랑이라는 옷을 입은 자기애(自己愛)는 아닌지도 점검해 보아야 한다. 왜냐하면 나의 사랑의 행위가 타인을 사랑함에 목적이 있지 않고 내가 사랑하는 데서 맛보는 나의 가슴 두근거림이거나 자기만족을 위한 에고이즘(Egoism)의 표현일 수도 있기 때문이다.

> "당신은 완전히 이해하지는 못해도 완전히 사랑할 수는 있소." 그 말이 내 안에서 메아리쳐 울렸다. 내가 해야 할 일은 이해하는 것이 아니었다. 내가 해야 할 일은 사랑하는 것이었다. 완전히 계속 사랑하는 것이었다.
> - 영화 '흐르는 강물처럼' 중에서

인생 사용 설명서

성경에 나오는 요셉은 채색 옷을 입고 부모님의 비호 아래 아무 불편함 없이 살았다. 그런데 어느 날, 그에게 상상조차 할 수 없는 '고난과 시련'이 찾아온다.

채색 옷은 벗겨 찢어지고, 족장의 아들로 금이야 옥이야 귀히 자란 몸이 벌거숭이로 구덩이에 버려진다. 그것도 형들에 의해. 설상가상, 엽전 몇 냥에 인신매매되어 강제 이주 당한다. 점입가경(漸入佳境)이라! 고난은 더 깊어지고 결국 누명을 쓰고 지하 감옥에까지 내려앉게 된다. 젊은 시절, 그의 생을 휘몰아쳐 왔던 고난과 시련을 어찌 말로 다 형용하랴.

그런데 훗날 요셉은 그 혹독했던 고난의 연속이 하나님의 손길이었노라 고백한다.

'하나님의 손길은 고난과 시련의 바람을 타고 다가온다'는 이 불편한 진실이야말로 세상에서 가장 효과적인 인생사용설명서가 아닌가!

길에서 또 길을 만나다

일(勞動)

일과 쉼은 서로 보완하면서 씨줄과 날줄처럼 한 폭의 완벽한 미를 창조해낸다. 일과 쉼을 분리해버리면 일의 기쁨이나 쉼의 즐거움 둘 다를 잃어버리게 된다. 노동과 안식의 조화야말로 창조의 기쁨이며 완성이다.

경제학자들은 노동(勞動)을 필요악(必要惡)쯤으로 생각한다.

고용주는 생산성을 높인다는 이유로, 할 수만 있다면 모든 기술력을 동원해서라도 사람을 고용하지 않고 생산하는 것이 목표다.

피고용인은 어떻게 해서든지 일하지 않고 소득을 올리는 것이 그들의 로망이다. 이렇게 해서 고용주와 노동자들 사이에 일의 신성함은 묵살당하고 만다.

하나님은 복과 아름다움을 '일(勞動)'이라는 그릇에 담아 주셨는데 말이다.

자유의지

인간은 인형이 아니다. 인간의 인간됨은 하나님의 형상을 닮은 인격을 가졌다는 것이며, 인격을 가졌다는 말은 곧 '자유의지(free will)'를 활용한다는 말이다. 그리고 자유의지는 반드시 자유의지를 가진 자가 스스로 선택하고 결정할 수 있어야 한다.

피조 세계는 본래 선하게 창조되었으나 오늘날 세상에는 죄와 악, 고통과 죽음이 상존한다. 어떤 이들은 '왜 하나님은 인간을 절대로 죄를 짓지 못하도록 창조하지 않았는가?'라고 힐문한다.

하지만 그런 가설은 우리가 참된 인간, 즉 자유의지를 소유한 인격체임을 부정하는 것과 같다. 만약 그렇게 되었더라면, 하나님은 인간 대신 마우스와 키보드 자판에 따라 움직이는 게임 캐릭터를 만드는 편이 더 나았을 것이다.

컴퓨터 화면에서 조정당하는 가상의 캐릭터를 원할 것인가? 자유의지를 가진 -종종 제멋대로인- 자녀를 원할 것인가?

내가 부모라면.

재건축

신축건물보다 재건축이 더 어렵고 공사기간이 오래 걸린다는 것은 누구나 아는 사실이다. 왜냐하면 기존의 낡은 것들을 부수고 기초를 다시 쌓아야 하기 때문이다. 신축건물은 이미 비어있는 자리에 건축을 시작하면 되기에 오히려 쉽다.

사람의 마음이 순수하고 깨끗할 때는 무엇을 하든 수월하다. 하지만 세속의 더러움으로 가득 차 버린 마음은 비우기에도 새것으로 채우기에도 무척 난감하고 어렵다.

하나님에게도 텅 비어있는 무(無)의 상태에서 우주를 창조하시는 일보다, 한 인간의 못쓰게 된 내면을 무너뜨리고 다시 새롭게 하는 일이 더 부담스럽지 않을까. 그분의 능력이라면 어느 쪽이든 못하실 일도 아니지만, 사람이 워낙 제멋대로인 탓에 새 인간을 만드는 일보다 망가진 인간을 고쳐 새롭게 세우는 일이 한결 더 어려우시리라는 생각을 해 본다.

재건축이 더 어렵고 힘든 만큼, 인생의 층수가 더 높아지기 전에 처음부터 다시 시작해야 할지, 지속해도 될지, 아니면 부분적으로 리모델링만 해도 될지를 가늠해 보아야 한다.

최고의 사랑

아우슈비츠 감옥에서 살아남은 비젤(Ellie Wiesel)은 그의 책 『밤』에서 당시에 경험했던 에피소드 하나를 이야기한다.

친위대는 두 명의 유태인 남자와 소년 한 명을 사람들이 모인 앞에서 교살했다. 어른들은 즉시 죽었고 소년의 사투는 30분간 지속되었다. 누군가가 외쳤다. "하나님은 지금 어디 있는가?" 한참이 지난 후에도 소년은 여전히 밧줄 때문에 괴로워했다. 나는 내 뒤에 있던 사람이 다시 이렇게 외치는 소리를 들었다. "지금 하나님은 어디 있는가?" 나는 내 안의 목소리가 이렇게 대답하는 소리를 들었다. "하나님이 어디에 있냐고? 그분은 여기 있어. 여기 저 교수대에 매달려…."

훗날 본회퍼는 나치의 압제 속에 고통당한 수많은 사람들로 인해 고민하다가 하나의 결론을 내렸다.

"사랑과 전능자 하나님은 지금 역사 속에 계시며 우리와 함께 아파하고 계신다. 그리고 그분은 완전하시기에 우리보다 더 완전한 고통을 당하고 계신다."

이 모든 생각과 믿음의 근저에는 하나님의 사랑이 자리 잡고 있다.

길에서 또 길을 만나다

고통 속에서 사랑이 완성되도록 설정되어 있었던 것이다. 일본의 우찌무라 간조는 "세상이 완벽하지는 않지만 사랑을 실천하고 완성하기 위해서는 이보다 더 완벽한 세상은 없다"라고 말했다.

그렇다. 최고의 사랑은 최고의 고통 속에서 피어난다.

기도의 시작

여기 한 부부가 있다. 그들은 교회 안에서 소문난 잉꼬부부였다.

그런데 어느 날 아내가 암에 걸리고 말았다. 그녀의 남편은 절망적이었다. 그는 기도하면서 하나님의 치유를 간곡히 부탁했다. 그러나 상황은 더 악화되어 암이 온몸에 확산되었다. 주님의 손에 맡기는 특별기도가 드려졌으나 암은 더욱더 확산되었다. 하나님께서 고친다고 하는 열광적이고 미친 듯한 기도가 계속되었다. 그러나 하나님을 향한 간곡한 기도에도 불구하고 아내는 죽고 말았다. 그 후 남편은 하나님을 증오하며 돌아섰고, 주님 안에서 함께했던 모든 사람들과의 관계를 끊어버렸다. 많은 주변의 사람들도 상처를 받았다.

그런데 기도응답의 결과와 관련하여 하나님을 등진 남편에게는 문제가 없었을까? 만약 그의 기도에 문제가 있었다면 그 문제는 무엇일까?

단정 짓기는 어렵지만 남편의 기도가 하나님으로부터 출발한 기도가 아니라 자기중심으로부터 시작되었다는 것이 그 첫 번째 원인으로 보인다.

기도응답과 관련된 오류에 빠지지 않기 위해 우리가 잊지 말아야할 것은 기도의 출발선이 하나님이라는 사실이다. 기도뿐만 아니라 사실상 믿음생활 전반에 걸쳐서 그리스도인에게는 하나님 중심의 전망(God-centered perspective)이 필요하다.

길에서 또 길을 만나다

사랑 때문에

아이러니컬하게도 신앙의 대상인 하나님이 신앙하는 인간의 원수가 되어버리는 말도 안 되는 경우가 있다. 즉, 인간이 욕심과 탐욕으로 자신을 채울 때 마귀는 오히려 친구가 되고, 그런 인간에게 하나님은 훼방꾼이 되고 만다.

사랑받기를 싫어하는 이에게는 사랑하는 이가 부담이 되는 것처럼, 하나님과의 관계에도 사랑하는 이와 사랑받는 이 사이에 벌어지는 관계의 파행(跛行)이 생길 수 있다.

하나님은 인간을 사랑하시기에 그를 믿고 따르려는 사람에게 자기부인을 요구하신다. 그러므로 사랑받은 이가 자신을 비우지 않으려 고집을 부릴 때 이상하게도 하나님은 부당한 요구를 자행하는 원수가 되어버린다.

하나님이 내게 원수가 되지 않으려면 자기를 부인함으로 욕망의 굴레로부터 벗어나야 한다. 혹시 원망을 하게 되더라도 오직 그분의 품 안에서만 할 일이다.

> 하나님은 그대의 불구대천의 원수이다. 사랑이신 하나님은
> 그대에 대한 사랑 때문에, 그대의 사랑을 받기를 원하신다.
> 이 사실은 그대의 죽음과 멸망을 의미한다. 그리고 그렇지
> 않고서는 그대는 하나님을 사랑할 수가 없다.
> - 키에르케고르

누구든지

누가복음의 산상수훈에 나오는 팔복에 관해 달라스 윌라드(Dallas Willard)는 매우 실감나게 현실화했다.

외모가 눈에 거슬리는 자는 복이 있나니. 악취가 나는 자, 몸이 뒤틀린 자, 보기 흉한 자, 기형인 자, 너무 큰 자, 너무 작은 자, 시끄러운 자, 대머리, 뚱보, 늙은이는 복이 있나니. 모두가 예수의 잔치에서 요란한 축하의 주인공이 될 것임이라.
심각하게 망가진 자들, 낙제, 중퇴, 파산, 마약중독자, 이혼자, 에이즈, 불치병자, 불임자, 미혼모, 실업자, 가난한 자, 퇴출당한 자, 노숙자, 무능한 자….
이들 모두 복이 있나니!

그렇다 성경의 가르침은 '하늘이 치유할 수 없는 땅의 슬픔은 없다'는 것이다. 누구든지 예수그리스도를 통해 씻음과 의롭다 하심과 거룩함을 얻을 수 있다. 누구든지 그리스도 안에서는 새 사람이 되고 새 삶을 얻을 수 있다.

누구든지 천국 시민이 될 수 있다.

길에서 또 길을 만나다

하나님의 임재 촉진

C. S. 루이스는 하나님의 부재를 촉진할 수 있는 확실한 방법에 대해 이렇게 말한다.

> 침묵을 피하고 고독을 멀리하라. 패배의 길에서 벗어나는
> 것은 생각하지 말라. 돈과 섹스와 높은 지위, 그리고 건강과
> 온갖 불평거리에 집중하라. 라디오를 항상 켜 놓으라. 군중
> 속에 머물라. 진정제를 과다 복용하라. 책을 읽는 것보다는
> 신문을 읽으라. 신문에는 도움이 되는 광고들을 많이 볼 수
> 있다. 특히 외설적이고 그럴듯한 광고들에 주목하라.

침묵은 하나님의 임재를 촉진하는 하나의 길이다. 예수님의 사십일 광야 체험에 있어서 한 가지 중요한 교훈은 '침묵'이었다. 그분은 언어를 초월해 계시는 아버지와의 교제를 위해 광야로 가야만 했고, 성령은 바로 그 일을 위해 아들을 이끄셨다. 더 깊은 영적 교제와 체험을 위해 그리고 가장 중대한 결단을 위해 복잡하고 시끄러운 곳을 선택하지 않고 고독과 침묵의 장소를 택했던 것이다.

우리가 하나님의 임재를 촉진하고자 한다면 자기를 드러내기보다는 감추고, 말하기보다는 말없이 기다리며 그동안 듣지 못했던 하늘의 소리를 듣기 위해 침묵의 광야로 나아가야 한다.

자유와 보수

기독교 세계관은 '이 세상은 뭔가 잘못되어 있다'는 전제하에서 시작된다. 개혁과 변혁을 주창하는 자유주의자들이 차용하기에 적합한 원리다.

그러나, 현실을 받아들이지 않고 마냥 부정하기만 한다면 그 원리는 아무것도 바로잡지 못하는 무용지물이다.

기독교는 자유도 보수도 아니다. 성경적 역사관은 현실부정이 아니라 현실 위에 세워진 변혁과 발전의 역사다. 예수 그리스도는 무너진 현실 위에 태어났고 죄악으로 물든 현실을 비껴가지 않고 짊어짐으로 그 현실에 대응했다.

십자가는 자유와 보수를 동시에 심판한다. 그리고 자유와 보수를 향해 두 손을 동시에 펼쳐 보인다.

길에서 또 길을 만나다

모든 것을 위해

예수 그리스도를 믿는 것과 그분으로부터 배우는 것은 따로 분리해서 다룰 일이 아니다. 오히려 믿음과 함께 따라오는 배움이야말로 그리스도인의 삶과 더 밀접하게 연관되어 있지 않을까.

예수 그리스도에게서 우리는 모든 것을 버렸으나 모든 것을 얻는 법을 배운다. 그분은 모든 것을 버리기 위해, 그리고 마침내 모든 것을 소유하기 위해 가난한 자리로 오셨다.

우리는 그분에게서 가난을 가꾸는 방법을 배워야 한다.

> 가난한 날은 가난한 그대로의 시를 쓰게 하십시오
> 당신은 특별한 일을 위해 세상에 오셨지만
> 특별한 방이 준비되지 않았고
> 초라한 그대로의 마구간을 맞으셨습니다
> 그럼에도 당신의 나심은 성탄이 되고
> 우리는 여전히 부요에 몸부림칩니다
> 가난한 날은 가난한 그대로의
> 기도를 하게 하십시오
>
> - 류우림, '가난한 날'

살아있다는 것

박재된 불곰보다 작은 다람쥐 한 마리가 나무에 오르고, 죽은 타조보다 살아있는 메뚜기가 멀리 뛴다는 말이 있다.

살아있다는 것은 움직임, 즉 행동한다는 말이다. 인간의 내면도 마찬가지다. 행동이 없는 양심은 죽은 양심이다. 손과 발의 움직임이 없는 신앙도 죽은 신앙이다. 열매 없이 잎만 무성한 나무처럼 지식의 잎사귀만 더한다면 이 또한 죽은 지식이다.

곤충의 날갯짓 같은 행동이어도 멈추어버린 거대한 양심보다 낫다. 손가락 하나밖에 움직이지 못해도 그 움직임으로 누군가에게 하트를 그려 보일 수 있다면 그 사랑이야말로 살아있는 사랑이다.

비록 벌레 먹은 잎사귀 몇밖에 남지 않았어도 그 잎사귀가 열매를 품고 있다면 잎만 무성한 가지보다 훨씬 더 나은 것이다.

그렇다. 살아있어야 한다. 그리고 살아있다는 말은 행동한다는 말이다.

그릇된 확신

비옥하고 기름진 토양은 좋은 나무가 자라는 조건이 된다. 그런데 그 좋음이라는 것은 또한 엉겅퀴나 가시나무가 자라기에도 좋은 조건으로 작용한다.

좋은 칼을 가졌다는 것은 좋은 요리를 하기 위한 조건이지만 그 또한 사람을 해칠 수 있는 도구로 쓰일 수도 있음을 의미한다.

재물을 많이 가졌다는 것은 그 재물로 많은 사람을 이롭게 할 수 있는 조건이다. 하지만 그 역시 많은 사람을 해롭게 하는 조건이 될 수도 있다.

남들보다 뛰어나고 센 힘을 가진 사람은 그 탁월함과 힘으로 인류를 위해 헌신할 수 있는 좋은 조건이 되지만, 그것 또한 잘못 사용되면 차라리 탁월함과 센 힘을 갖지 않음만 못한 결과를 초래할 수 있다.

신념도 그렇다. 강한 신념과 확신을 가지고 자신의 삶을 불태울 수 있다. 하지만 그 신념과 확신이 잘못된 신념과 확신이라면 그 삶이 크게 불타오르는 만큼 더 크게 해악을 끼치게 된다.

선과 악에 대한 그릇된 확신도 그 확신의 크기만큼 자신과 공동체를 망가뜨린다.

> 사람은 종교적 신념이 있을 때 더욱 더 철저하게 기쁨에 넘쳐 악을 행한다.
>
> - 블레즈 파스칼

거꾸로 살기

세상이 온통 거꾸로 걷고 있다면 바른 길을 걷는 것이 오히려 거꾸로 걷는 것처럼 보일 수 있다.

땅과 거짓의 원리로 보면 마땅히 저들에 비해 나는 거꾸로 걷는 것이 사실이다. 하지만 하늘과 진리의 차원에서 바라보면 나는 거꾸로 걷고 있으나 바르게 걷고 있는 것이다.

하나님께서 보시기에 바르게 산다는 것은 천국에 발을 딛고 천국 길을 걷는 것이기에 땅에서 보기에는 거꾸로 걷는 것처럼 보일 수 있다.

비록 내가 걷는 이 길이 거꾸로 걷는 것 같을지라도 실망하거나 낙심하지 말자. 거꾸로 사는 나의 모습이 우스꽝스럽고 초라할지라도 하나님께서 보시기엔 바로 걷고 있음을 믿자.

용기를 내자! 세상이 추구하는 방향이 옳지 않다면 담대히 반대로 걸어갈 용기 말이다.

교회는 거꾸로 걷는 세상으로부터 똑바로 걷도록 불러냄을 받은 자들의 모임이다. 그리고 거꾸로 사는 세상을 진리로 뒤집어엎어 (Upside down) 바로 세우라는 사명을 부여받았다.

길에서 또 길을 만나다

삶이 보물입니다

기독교의 구원은 은혜로 말미암아 믿음으로 그저 얻지만, 그 다음은 다르다. 구원받은 자의 삶은 주님이 대신 살아 주는 것이 아니다. 철저히 주님과 내가 함께 써내려가는 이야기이다.

모든 소유를 팔아 보화가 숨겨진 밭과 진주를 사듯 그렇게 예수 그리스도를 닮은 인간의 삶을 사는 것이 그리스도인의 삶이다.

이 삶은 무엇을 소유하기 위함이 아니라 열매로 드러나는 천국의 삶이다. 이 삶은 모든 것을 배설물로 여기는 대신 거룩한 삶을 보물로 간직하는 삶이다. 이 삶은 거룩을 버림으로 천만금의 재물을 얻기보다, 거룩을 지킴으로 가난해지기를 바란다. 진리와 사랑을 버림으로 힘과 권세를 움켜쥐기보다는 진실과 사랑을 택함으로 버림받을 수 있는 삶이다.

이 삶은 삶 자체가 보물이기에 세상의 보물을 찾아 헤매고 다닐 필요가 없다. 이 보물은 내 안에서 자라고 열매 맺는 보물이기에 더 가지려 애쓸 필요도 곁눈질할 필요도 없다.

오직 은총으로만

바다와 육지로 구성된 지구는 우주에서 가장 아름다운 별이다. 그런 지구도 중심에는 용광로를 능가하는 불덩이를 품고 있는데 때때로 본성을 참지 못하고 폭발하기도 한다.

마찬가지로 인간의 겉모습은 나쁘지 않다. 조금만 꾸민다면 그지없이 아름답기도 하다. 하지만 그런 인간의 내면을 뚫고 내려가 보라. 인간 욕망의 심연에는 악마의 근성이 분출의 틈을 노리며 이글거리고 있다.

그렇다면 인간의 고귀함은 어디서 찾을 수 있을까? 겉과 속이 보여주는 이중성에도 불구하고 인간은 그냥 살기보다는 높은 가치와 숭고한 목적 그리고 불멸의 실재에 도달하기를 갈망한다. 그것은 인간이 신의 형상을 부여받았고 드높은 가치를 추구하며 또 사랑과 영원을 사모하도록 지음 받은 존재이기 때문이다.

그렇다. 인간의 고귀함은 오직 인간을 향한 창조주의 은총에서만 찾을 수 있다.

길에서 또 길을 만나다

인간을 찾는 하나님

기독교는 스스로 구원하는 수행이나 고행이 아니다. 인간이 스스로 신을 찾아가서 신의 의로우심 앞에 서겠다는 것은 마치 반딧불이가 태양과 맞서겠다는 것만큼이나 어리석은 행동이다. 의인은 하나도 없다. 인간의 의(義)는 중력을 벗어나 저 우주를 넘어 하나님의 영광의 빛까지 결코 도달할 수 없다.

인간이 의로워질 수 있는 방법은 하나님으로부터 의의 빛이 주어지는 길뿐이다.

지구가 아름답게 빛나는 것은 전적으로 태양빛에 의존하고 있는 것처럼 인간은 하나님으로부터 주어지는 빛을 받아야 빛날 수 있다.

로마는 법으로 의로워지는 줄 알았으며 그리스는 철학으로 구원받을 줄 알았다. 그러나 복음은 인간이 구원받는 길은 오직 믿음으로 말미암으며 그 믿음은 하나님으로부터 주어질 뿐이라고 선언한다.

점을 넘어서

과학자 칼 세이건(Carl Sagan)은 보이저 1호가 1990년 5월 명왕성 궤도에서 찍어 보낸 지구의 모습을 보며 이렇게 말했다.

> 저 점을 보라. 저 점이 여기다. 저 점이 우리의 고향이다. 저 점이 우리다. 당신이 사랑했던 모든 사람. 당신이 아는 모든 사람.
> 당신이 한 번이라도 들어봤던 사람들. 지금까지 존재했던 모든 인류가 저 점 위에 살았다.
> 이 점의 한쪽 구석에 사는 주민이 다른 구석에 사는 자신들과 거의 비슷하게 생긴 주민을 찾아가 끊임없이 자행했던 잔혹한 일들을 생각해 보라. 그들 사이에 얼마나 자주 오해가 발생했을지.
> 다른 사람을 죽이고 싶어 얼마나 안달했을지.
> 그들의 증오가 얼마나 뜨거웠을지….
> 우리가 사는 이곳은 암흑 속 외로운 얼룩일 뿐이다. 이 광활한 어둠 속의 다른 어딘가에 우리를 구해줄 무언가가 과연 있을까.
> - 칼 세이건, 『창백한 푸른 점(Pale Blue Dot)』 중에서

그는 지구인들에게 삶의 의미와 존재의 이유에 대한 화두를 던지고 떠났다. 그런데 거기까지였다. 그의 생각대로 인간은 과연 우주 속의 점에 불과할까? 그는 점같이 작은 지구를 보며 다른 질문도 던

길에서 또 길을 만나다

졌어야 했다. 인간은 영적 존재다. 우주탐색선의 렌즈로만 지구를 볼 것이 아니라 창조주의 시각으로 지구와 인간을 바라보아야 한다.

아쉽게도 칼 세이건은 인간의 작음은 보았으나, 하나님의 크심은 보지 못했다.

장벽을 넘어

애벌레 한 마리가 희망과 부푼 마음으로 무언가를 얻고자 길을 떠났다. 가는 길은 기대와 달리 곳곳에 장애물이 많았다. 그러나 기꺼이 참고 견뎠다. 그러기를 얼마 동안…. 지친 애벌레는 더 이상 넘어설 수 없는 커다란 장벽 앞에 서게 되었다. 여기까지 온 것이 너무 아깝고 억울했지만 멍하니 장애물을 바라볼 수밖에 없었다. 우리의 삶 속에도 이런 일들이 종종 있다. 믿음의 삶을 살아보려고 애를 쓰지만 때때로 예기치 않은 문제가 곳곳에 가로막고 선다. 그렇다고 그럴 때마다 포기하겠는가?

문제의 해결은 단 한 가지다. 문제를 대하는 내가 변하는 것이다. 우리 앞에 밀물처럼 다가오는 문제는 쉽게 멈춰 서지 않는다. 그러나 문제를 대하는 우리는 변할 수 있다. 애벌레가 나비가 되어 날아오름으로 장벽을 넘듯이 말이다.

케네스 클라크는 『예술과 문명』이라는 책에서 이렇게 말한다. "초기 기독교 예술사에서는 십자가 수난이 거의 나타나지 않았다. 그것이 최초로 등장한 것은 로마에 있는 산타 사비나 성당(A.D. 430)의 현관이었는데, 그것도 한쪽 구석에 걸려 있어서 시야에는 거의 들어오지 않았다. 초대 교회는 오히려 승천이나 부활과 같은 소망을 주는 것들에 관심을 가졌다."

길에서 또 길을 만나다

클라크는 담대하고 용감했던 초대교회를 일으킨 것은 그리스도의 죽음만이 아니라 그리스도의 부활의 생명이라고 말한다. 그리스도의 죽음은 죄 용서를 뜻하지만 그의 부활은 새로운 생명의 시작을 알린다. 애벌레가 나비가 되어 날아오르듯 복음은 죽음, 용서 그 이상이다.

최종 평가

　그리스도인의 삶과 신앙의 가치 평가는 철저히 관계성에 있다. 그리스도인은 구원받은 독불장군이 아니라, 구원받는 순간 몸의 지체로 연결된다. 관계에서 가장 중요한 것은 각각의 개별적인 모습이 아니라 서로 얼마나 강력하게 유기적으로 붙어있어서 관계성을 유지하는가에 있다. 무인도에서 살기로 작정하지 않는 한 지체의식을 가지고 전체의 한 부분으로 자기자리를 지켜야 한다.

　소위 교회 안에서 나타나는 은사들도 관계성 속에서 최종 평가되어야 한다. 모든 은사는 교회의 덕, 공동체의 유익, 즉 그리스도의 몸을 위해 사용되어야 한다. 방언이든 예언이든 산을 옮기는 능력이든 심지어 몸을 불사르게 내어주는 희생이라 할지라도 공동체와 몸을 위한 것이 아니라면 아무것도 아닌 것이다.

　그래서 바울은 고린도전서 13장에서 서로를 위한 사랑이 없으면 그 모든 능력과 희생과 봉사도 아무런 의미가 없다고 선언한다.

> 내가 예언하는 능력이 있어 모든 비밀과 모든 지식을 알고 또 산을 옮길 만한 모든 믿음이 있을지라도 사랑이 없으면 내가 아무것도 아니요 내가 내게 있는 모든 것으로 구제하고 또 내 몸을 불사르게 내줄지라도 사랑이 없으면 내게 아무 유익이 없느니라
>
> ― 고린도전서 13장 2~3절

길에서 또 길을 만나다

두 종류의 나

그리스도인은 교회를 통해 교회의 머리 되시는 예수 그리스도의 몸의 일부이며 한 몸에 속한 지체다. 그러므로 '한 몸 의식'과 '지체의 식'을 동시에 가져야 한다. 내가 부분이지만 전체를 대신하며 전체에 속해 있지만 각각 다른 자리에서 부분으로 존재한다는 사실을 잊지 말아야 한다. 전체를 위해 부분들은 제자리에서 제 임무를 감당함으로 개인은 전체가 되는 것이다.

부분은 서로를 향해 적대적이지 않다. 부분은 전체를 위해 상호 협력적이며 동일한 운명공동체로 유기적으로 연결되어 있다. 부분의 영광이 전체의 영광이며 전체의 영광이 곧 부분의 영광이다. 서로를 인정하고 협력하고 팀을 이루어 상호 높여 줄 때 그것이야말로 손해를 보는 것이 아니라 전체로서의 나를 위하는 길이다. 부분으로서의 나와 전체로서의 나는 사실 다르면서도 같다. 부분의 협동과 격려 그리고 희생은 결국 전체의 나를 위하는 길이다.

어떤 선수가 올림픽 금메달을 땄다고 하자. 시상대에 발이나 손가락만 올라가는 것이 아니다. 스케이트를 잘 탄 발과 함께 온몸이 올라간다. 총을 잘 쏜 눈과 손가락만이 아니라 엉덩이와 발꿈치도 함께 시상대에 올라간다.

우리는 부분으로서의 나와 전체로서의 나라고 하는 이 두 종류의 나를 공정하게 대해야 한다.

우리가 한 몸에 많은 지체를 가졌으나 모든 지체가 같은 기능을 가
진 것이 아니니 이와 같이 우리 많은 사람이 그리스도 안에서 한 몸
이 되어 서로 지체가 되었느니라

- 로마서 12장 4~5절

길에서 또 길을 만나다

부름받은 공동체

1세기 기독교인들에게 공동체의식은 무엇보다 소중한 것이었다. 그들은 지하 카타쿰을 전전하며 서로에 대한 한 몸 의식의 필요성을 절실하게 느꼈을 것이다. 그들의 코이노니아, 즉 친교는 단순한 가벼운 만남이 아니었다. 정말 서로에게 집중하며 서로의 생명이 서로를 통해 흐르는 만남이자 서로를 향해 목숨을 거는 생명공동체였다. 그들은 진정 '슬픔을 나누면 반감되고 기쁨을 나누면 갑절이 된다'는 진리를 몸으로 살았던 사람들이다.

사실상 그리스도인은 우르르 몰려와서 1시간 앉아 있다가 썰물처럼 떠나가 버리는 그런 모임을 위해 부름받지는 않았다. 서로의 삶 속으로 흘러들어가 한 몸이 되도록 부름받았다. 머리이신 그리스도로부터 서로 연결되어 생명의 흐름을 통해 함께 울고 웃는 살아있는 유기적 공동체로 부름받았다.

"즐거워하는 자들로 함께 즐거워하고 우는 자들로 함께 울라"는 말씀처럼 그리스도인은 서로의 삶을 품고 살아가도록 부름 받았다.

그리고 그것이 바로 '교회'라는 영적 공동체의 신비다.

교회 사랑

이현주씨는 그의 책 『나의 어머니 나의 교회여』에서 교회를 어머니로 비유하며 어머니 교회를 향한 애증을 남겼다. 시대와 교회를 염려하던 중 그의 교회사랑에 관한 글이 생각나 내 넋두리로 다시 옮겨 본다.

내가 마치 어머니의 태에서 나와 어머니의 그늘과 품에 안겨 자라고 지금도 여전히 어머니와의 끊을 수 없는 애증 관계 속에 살고 있듯, 교회와의 관계도 마찬가지다. 내가 나의 어머니와 때로는 버성기며 때로는 어머니를 외면하거나 구박하고 부끄럽게 여기면서도 끝내 떠날 수도 거부할 수도 없듯, '교회'의 품을 벗어날 수는 없다. 교회가 어설프고 나약하게 느껴져도 내가 어머니 품을 벗어날 수 없듯 나도 교회를 벗어날 수 없다. 나의 어머니는 죽어 한 줌 흙이 되어도 여전히 나의 어머니다. 교회도 마찬가지다. 내가 어머니를 버린다면, 자기 어미를 버린 자식이 어찌 사람 구실을 하겠는가? 아무리 위대한 일을 한들 어찌 옳다 하겠는가? 그래서 나는 교회를 버릴 수 없다.

교회 역사 2000년을 훌쩍 넘겼다. 자랑스러움이기도 하나 부끄러움의 역사이기도 하다. 나는 바로 그 교회의 복중에서 태어나 이렇게 자랐고 성장했다. 심지어 엄마의 잘못을 비판하고 호통치듯, 교회의 잘못을 비판할 정도로까지 자라게 되었다.

길에서 또 길을 만나다

이 교회의 양면성, 즉 부끄럼과 자랑스러움 때문에, 교회를 사랑하면서 동시에 교회와 싸워야 한다. 이것이 운명이다. 나의 어머니 나의 교회! 비록 안쓰러움과 부끄럼을 가진 어머니 같은 교회, 내가 어찌 떠날 것이며 내가 어찌 미워할 것인가!

PART 03

시간이 멈춘 자리

·

소망하며

시간이 멈춘 자리

그리스의 철학자 플라톤(Plato)은 "시간은 움직이지 않는 영원 속에서 끊임없이 움직이는 이미지다"라고 시간에 관한 정의를 내렸다.

하나님이 시간을 초월하는 영원한 분이라면(Eternal God) 우리는 그 분이 또한 영원한 현재(Eternal Present)로 존재하심을 인정해야 한다. 피조물로서의 존재양식인 인간의 삶이 바로 지금 이 순간에 집중해야 하는 이유는 현재라는 시간이 영원과 잇대어 있으며, 우리의 현재는 언제나 영원한 현재이신 하나님을 지향하고 있기 때문이다.

영원한 현재이신 하나님의 시계는 영원(永遠)이라는 시침과 무한(無限)이라는 초침으로 멈춰 서 있다. 그러므로 우리는 하나님 앞에서 서로를 만날 때 시계를 벗어 두고 영원한 현재 안에서 서로에게 다가가야 한다.

시간이 멈춘 자리에서 흔들리는 시간의 이미지를 본다. 바람에 흔들리는 나뭇가지를 통해, 뺨을 스치는 엄마의 숨결을 통해, 길 잃은 나그네의 이지러진 발자국을 통해. 시간은 그렇게 시간이 멈춘 자리에서 온갖 이미지를 가지고 찾아온다.

시간이 멈추어 선 그 자리에서….

길에서 또 길을 만나다

퀴리에 엘레이손

세상 살다 보면 억울하고 서러울 때가 왜 없겠냐만 그 억울함과 설움의 대상이, 그 서운함과 섭섭함의 대상이 절대자가 될 때는 상황이 달라진다. 심지어 평생을 믿고 의지하고 섬겨왔던 그분이 '과연 살아계시기는 한 걸까?'라는 원초적 질문의 대상이 되고 만다면 말이다.

이쯤 되면 영혼의 고뇌와 방황은 밤잠을 설치게 만들고, 몇 날 며칠을 원인불명의 소화불량에 시달리기도 한다. 삶의 의미와 목적에 관한 회의와 절망이 온몸을 감싸오면 손가락 하나 까딱하기 싫은 상태, 수렁에 두 발이 빠져버린 참새 꼴이 된다.

그렇게 울다 지치면 또 누군가가 내 설움에 지친 몸을 뽑아내 주는 꿈을 꾼다.

퀴리에 엘레이손(Kyrie Eleison)
주님 자비를 베푸소서!

인생 모토(Moto)

    삶은 분명하든 그렇지 않든, 의도적이든 그렇지 않든 삶의 모토가 있기 마련이다. 그래서 그 모토에 따라 결정하고 선택하며 각자의 삶을 이끌어 간다.

    빌 보든(William Boden)은 대부호였으나 중국, 중동, 그리고 아프리카 등지에서 이슬람선교사로 살다가 26세의 젊은 나이에 삶을 마감하게 되는데, 그가 떠난 후 그의 베게 밑에는 다음과 같은 - 그의 삶을 이끌어 온 삶의 모토가 발견되었다.

> 아낌없이(No Reserves)
> 뒤로 물러섬 없이(No Retreat)
> 후회도 없이(No Regret)

마음 다잡아 줄 삶의 모토 하나 세우는 일이 힘에 부쳐
이내 움츠리고 마는 겨울밤,
26세 청춘의 세 마디 모토가 시린 가슴위로 새하얗게 쌓인다.

길에서 또 길을 만나다

영원을 위한 발돋움

성 어거스틴은 인간 삶의 미래에 대한 가치를 이렇게 말한다.

"잘살지 아니한다면 산다는 것이 무슨 의미가 있겠습니까?
그러나 또한 영원히 사는 것이 아니라면 그 잘산다는 것이
또한 무슨 의미가 있겠습니까?"

짧은 인생을 죽음이라는 마침표를 향해 무작정 달려가는 자들과는 달리, 그리스도인은 인생의 마침표를 향해 달려가는 것이 아니라 그 마침표를 딛고 영원 속에 서기 위해 달려간다.

"이제 저의 여행도 다 끝났어요. 힘들었던 날들도 다 지나갔지요. 나를 위해서 머리에 가시관을 쓰셨고 침 뱉음을 당하신 주님의 얼굴을 보게 될 겁니다. 지금까지는 듣기만 했던 것을 믿고 살아왔지만 이제는 그것들을 눈으로 보면서 살게 될 것이에요. 또 제가 함께 이야기를 나누기를 좋아하던 그분과 더불어 거하게 될 것입니다.
　　　　　　　　　　　　 - 존 번연『천로역정』마지막에서

나는 오늘도 어제의 마침표를 디디고 일어난다. 그리고 다시 한 번 내일을 향해 영원을 위한 발돋움을 한다.

열정과 사명

조선 땅에 예수의 복음을 들고 들어왔던 외국인 선교사와 그 가족들이 묻혀 있는 곳 양화진. 그곳 한편에 묻힌 젊은 여 선교사 케드릭의 마지막 편지가 있다.

아버지, 어머니!
어쩌면 이 편지가 마지막일 수도 있습니다. 제가 이곳에 오기 전 뒤뜰에 심어두었던 한 알의 씨앗이 내년이면 뜰 가득 피어올라 또 다른 씨앗을 만들어 내겠죠? 저도 이곳에 작은 씨앗이 되기로 결심했습니다. 제가 씨앗이 되어 이 땅에 묻히고 나서 훗날 하나님의 시간이 되면 조선 땅에는 많은 꽃들이 피고 그들도 여러 나라에서 씨앗이 될 것입니다. 저는 이 땅에 저의 심장을 묻겠습니다. 이는 제가 조선을 향하는 열정이 아니라 하나님의 조선을 향한 열정이라는 사실을 알게 되었습니다.
아버지, 어머니. 사랑합니다.

사명도 열정도 식어가던 어느 무더운 여름날 밤에 우연히 펼쳐본 낯선 이야기이다.

길에서 또 길을 만나다

다. 내게로 오라

20세기 실존주의 문학의 대표 작가 알베르 까뮈는 에세이 『시지프 신화』를 통해 신의 노여움을 받아 끝없이 바위를 굴려야 하는 시지프스의 운명을 그려내고 있다. 인간은 모두 제 몫의 짐을 지고 태어나 그 짐과 함께 방황하며 산다. 어거스틴이 말한 대로 하나님을 떠난 인간은 하나님 안에서 쉼을 얻기 전까지는 방황하는 존재일 뿐이다. 그런데 여기 그런 인간을 부르고 계시는 한 음성이 있다.

> 수고하고 무거운 짐 진 자들아 다 내게로 오라 내가 너희를 쉬게 하리라
>
> - 마태복음 11장 28절

부르고 계시는 분은 창조주다. 그분은 연약한 인간의 몸에서 태어나셨고, 가난한 목수를 아버지로 모시고 나사렛 시골에서 살았으며, 강남이 아니라 달동네 촌놈들만 득실거리는 벳새다를 활동무대로 삼으셨다. 그리고 백성 중에서도 가장 낮은 계층에 속하는, 보기에도 민망한 열두 제자들을 데리고, 가장 천박하고 더러운 죄인과 세리와 문둥병자와 미치광이의 벗이 되셨다. 높으신 그분이 누구보다 낮아지셔서, 크신 그분이 누구보다 작아지셔서, 위대하신 분이 누구보다 겸손해지셔서, 강하신 그분이 누구보다 약해지셔서, 왕이신 그분이 종이 되셔서 가장 낮은 자에서부터 가리지 않고 만나고 다니셨

다. 낡은 샌들을 끌며 먼지 나는 시골길을 걸어 하찮은 사람들을 찾아다니며 만나셨다. 그리고 그들에게 '오라'고 하신다.

길에서 또 길을 만나다

비결을 배웠노라

예수를 가졌다는 것이 우리에게 주는 의미는 무엇일까? 예수, 그분은 따르는 자들의 선생이었다. 그분은 가르치려 오셨고 우리는 그분에게서 배워야 한다. 상식적이고 기초적인 비결도 못 배워 너무나 쉽게 넘어지고 자빠지는 우리네 인생은 선생 예수가 반드시 필요하다.

그분과 함께 그분에게서 어떻게 사랑하는지를 배우고, 그분과 함께 어떻게 용서하는지를 배운다. 그분과 함께 어떻게 인내하는지를 배우고, 그분과 함께 어떻게 죄를 이기는지를 배우고, 그분과 함께 어떻게 섬기는 지를 배우고, 그분과 함께 어떻게 평화를 만들어 내는지를 배우고, 그분과 함께 어떻게 거짓을 버리고 진리의 편에 서는지를 배우고, 그분과 함께 어떻게 자기를 부인하고 움켜쥔 것을 내려놓는지를 배우고, 그분과 함께 어떻게 순종하는지를 배우고, 그분과 함께 어떻게 원수를 용서하는지를 배우고, 그분과 함께 어떻게 풍랑 가운데서도 잠잘 수 있는지를 배우고, 그분과 함께 어떻게 스트레스를 다루는지를 배우고, 그분과 함께 진퇴양난의 상황을 다루는 법을 배운다. 그분에게서 부족과 결핍 속에서도 만족하는 일체의 비결을 배운다. 예수에게서 삶의 모든 비결을 배운다.

내가 일체의 비결을 배웠노라

- 빌립보서 4장 11~12절

하나님의 사랑법

사랑하지 않으면 아프지 않다. 사랑하는 만큼 아프다. 많이 사랑할수록 많이 아프고 적게 사랑할수록 적게 아프다. 하나님의 아들 예수는 너무 많이 사람을 사랑했기에 너무 많이 아파야 했다.

사랑은 고통을 통해 완성되며 고통이 없는 삶은 사랑이 없는 삶이다. 하나님은 고통과 사랑을 함께 살도록 하셨다. 그래서 진정한 사랑은 고통을 감수해야 한다. 사랑에로의 초대는 고통에로의 초대다. 예수께서 네 이웃을 네 몸처럼 사랑하라 하신 것은 함께 고통받으러 가자고 부르시는 초청이다.

십자가는 사랑의 완성이다. 그리고 그것은 철저히 고통을 통해서 피어난 꽃이다. 하나님은 세상을 사랑하사 독생자를 고통 가운데 내어 주셨다. 그분은 주머니 속의 남은 동전을 주신 것이 아니라 가시 고기처럼 자신의 전부를 내어 주셨다.

우리는 하나님께 따져 물을 수 있다. "왜 고통 없는 사랑, 십자가 없는 구원은 이루지 못하십니까?"라고 말이다. 그러나, 이해할 수는 없지만, 하나님은 고통이라는 방법을 통해 사랑을 완성하기를 원하셨다. 그분은 사랑이라는 꽃을 고통이라는 방법을 통해서만 피어나도록 하셨다. 그것이 완전하신 하나님의 완전한 사랑법이었다.

길에서 또 길을 만나다

천국의 문

천국 문은 세 개다. 하나는 우주와 시공간 너머에 있고 다음은 사람의 열린 마음속에 있으며 그 다음은 오감으로 느끼고 볼 수 있는 공간 속에 있다.

세 번째 문이야말로 보이지 않는 천국의 문이 보일 수 있도록 채색된 문이다. 그 문의 채색은 천국에서 보내온 다양한 염료(染料)들로 이루어져 있다.

> 이 얼마나 두려운 곳인가 이곳은 다름 아닌 하나님의 집이다 여기가
> 바로 하늘로 들어가는 문이다
>
> – 창세기 28장 17절

테메노스

고대 그리스의 마을 중앙에는 '테메노스(temenos)'라는 장소가 있었다고 한다. 테메노스는 신성한 울타리를 뜻하는 그리스어이다. 그곳은 신의 보호 아래 놓인 특별한 장소로 누구의 방해도 받지 않고 자유로울 수 있는 곳이다.

사람은 심리적으로 내면의 그릇, 혹은 내면의 공간을 가져야 한다. 우리는 그런 신성한 공간 속에서 쉼과 회복을 경험하고 치유와 성숙을 경험한다. 융은 심리학에서 그러한 공간을 테메노스라고 부른다.

기독교 신앙의 테메노스는 바로 예수 그리스도 자신이다. 그곳에서 사람은 하나님을 만나고 본래 자기 자신과 만나며 자신을 비롯한 세계와의 화해가 일어난다.

이곳, 그리스도 안에서 모든 상처와 아픈 기억과 이별을 고한다.

이곳, 그리스도 안에서 희망과 미래와 평화를 향해 악수를 청한다.

길에서 또 길을 만나다

외줄타기

삶은 외줄 타기와 같다. 위기와 기회, 기쁨과 슬픔이라는 끈으로 엮여진 외줄 위를 흔들리며 가는 것이 인생이다. 그리고 죽음은 외줄타기의 마지막 매듭과도 같다.

사람에 따라 마지막 매듭이 최후의 심판이 되기도 하고 영광의 문이 되기도 한다. 어떤 이에게 그 줄은 영원한 멸망이 되기도 하고 영원한 생명이 되기도 한다.

우리네 인생 줄타기의 끝자락은 그렇게 각각 영원에 매여 있다.

그대와 나 외줄타기 인생. 기쁨과 슬픔으로 엮어내는 삶이 영원에 매여 있음을 잊지 말자. 그대와 나의 선택에 따라 영원한 어둠이든 영원한 빛이든 양단(兩斷)으로 갈라질 줄을 또한 잊지 말자.

세상 가장 높은 곳

아무리 높다 한들 다 하늘 아래. 인간의 높고 낮음이 하나님에게 는 그저 모래알처럼 보일 뿐.

다만 그분이 보시기에 높다 할 만한 것이 있다면 그것은 아마도 한 사람이 간절한 염원을 품고 무릎 꿇은 모습이리라. 한 사람이 기 도하는 그곳이야말로 세상에서 가장 높은 곳. 한 사람이 기도하는 그 시간이야말로 세상에서 가장 위대한 순간.

기도는 한 인간이 세계를 넘어 영원에 맞닿을 수 있는 길. 기도는 한 인간이 세상에서 가장 높은 곳에 서는 일.

인자의 온 것은

중국의 한 철학자는 인간이 가지고 있는 종교를 세 가지의 유형으로 나누었다. 그는 세 종교의 특성을 쉽게 풀어서 이야기하였는데 매우 탁월한 설명인 듯하다.

> 물에 빠진 사람을 구출하기 위해서 세 사람이 지나가는데, 한 사람은 물에 빠진 사람을 무한한 연민과 동정의 눈으로 바라보며 정신을 집중하고 마음을 평정하라고 말하면서 지나간다. 이런 동정과 자기수양의 종교가 있다. 불교가 그런 유형의 종교가 아니겠는가.
>
> 또 한 사람은 그 옆을 지나가면서, "당신이 정로(正路)를 탈선하였기 때문에 그 물 속에 빠진 것이요"라고 하며, 그가 걸어야 할 윤리적인 정도를 지켜야 했다고 책망한다. 이런 도덕적 종교가 있다. 유교는 바로 그런 유형에 속한다.
>
> 그러나 물속에 빠진 사람을 향해 뛰어 들어간 사람이 있다. 자기가 물속에 빠져 죽어가면서 그 사람을 구출하는 종교가 있다. 바로 기독교인 것이다.

> 인자의 온 것은 잃어버린 자를 찾아 구원하려 함이니라
> - 누가복음 19장 10절

기다림

기다림이 설레는 것은 아직 이루지 못한 꿈이 있기 때문이다. 꿈이 있다면 기다림은 헛되지 않을 것이기에 꿈이 살아 있다면 기다림은 꽃이 될 것이다. 꿈은 생명이다. 기다림은 그 생명의 성숙이며 완성을 향한 도약이다.

꿈을 이룬 사람치고 기다림의 달인이 아닌 사람이 없다. 긴 기다림의 시간을 통과하지 않은 자가 어찌 꿈의 플랫폼에 이를 수 있으랴!

지루한 여름의 기억을 모르는 가을이 없듯, 기다림이야말로 꿈이 현실로 거듭나는 절대시간이다. 꿈을 현실로 만드는 일은 길고 지루한 기다림에 느낌표를 찍는 일이다. 그러므로 기다림 속에서 우리는 절대시간을 찾아내야 한다. 그때, 순간은 천년의 무게로 다가올 것이며, 천년은 나를 스쳐가는 순간 속에 머물게 된다.

기다림은 단순한 과정이 아니라 '세상에서 가장 위대한 일'이다.

길에서 또 길을 만나다

밝은 빛 어둠

밝은 태양빛을 똑바로 쳐다볼 경우, 태양을 바라보는 사람의 눈이 빛에 집중하면 할수록 그 빛 외에는 아무것도 보이지 않기에 밝은 빛으로 말미암은 주변의 어둠만큼 짙은 어둠도 없다. 이런 경우 빛이 강렬하고 더 밝을수록 그 빛을 바라보는 이의 눈은 점점 더 어두워진다.

신앙은 신앙의 대상인 빛을 향한 집중이다. 그 빛에 집중하는 만큼 주변의 것들에 어두운 법이다. 그리하여 마침내 점점 세상의 오욕칠정과 같은 것들에 어둡게 되고 그런 것들이 보이지 않으므로, 그런 것들에 어둠을 느끼므로, 그런 것들에 흔들리거나 미혹되지 아니한다.

밝은 빛으로 말미암은 어둠이야말로 빛이신 예수 그리스도를 따라가는 자들이 걸어가야 할 영혼의 오솔길이 아닐까.

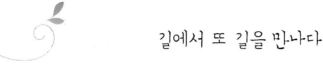

길에서 또 길을 만나다

인생이라는 고단한 길
나는 이 길 끝에서 또 다른 길을 만난다

길과 길이 만나는 접점(接點)
그 접점을 이어주는 갈래길
이 길이 끝나고 저 길에 들어서는 날
힘겹게 밟아 온 이 길이
결코 헛걸음이 아니었음을 증명해 줄
낙인(烙印) 하나쯤 갖게 되기를

참 힘들었던 길
긴 꿈과 같았던 길
벅차고 숨 가쁘게 걸어온 길

이 길 끝자락이 저 길로 맞닿아
저 길 언저리에서 손짓하는 그분이 있다면
나는 오늘도 이 길과 저 길 사이에서
이 길이 멀어지고 저 길이 점점 가까워지는 날들을

아낌없이 받아들이고 또 기쁨으로 맞으려 한다

인생이라는 외로운 길
나는 이 길 끝에서 또 다른 길을 마주한다

아름답게

어떤 시인은 인생을 가리켜 소풍이라 노래했다.

인생길이 방황이 아니라 아름다운 소풍이 되려면 어디에서 이 길이 시작되었으며 어느 곳에서 마칠 것인지 그 시작과 끝을 분명히 해야 한다.

당신과 나 그리고 우리. 사랑과 아름다움의 근원이신 하나님의 동산에서 살다가 세상 소풍이 끝나는 어느 날 이 모든 아름다움의 시작이며 끝이신 분, 아름다움의 완성이며 아름다움 자체이신 그분을 만나기 위해 오늘도 내일도 그리고 그 다음의 다음날도 아름답게 살아야 한다.

길에서 또 길을 만나다

익숙해질 때까지

어느 날 문득 돌아보면 모든 것이 낯설다. "이곳이 아닌데, 나는 왜 여기!"라며 소스라친다. 하지만 너무 놀라거나 실망하지 말 것은 그 순간이 비로소 영혼의 근원을 엿보는 행운의 순간일 수 있기 때문이다.

낯선 땅에 잠시잠깐 머물다 떠날 일이라면 너무 깊이 뿌리 둘 일도 아니다. 결국 하늘로 떠나갈 일이라면 자주 하늘을 보며 살아야 한다. 밤하늘도 좋고, 낮달도 좋다. 하늘이 낯설지 않으려면 하늘을 품고 살아야 한다.

저 하늘이 땅보다 익숙해질 때까지….

폴레폴레

'폴레 폴레'는 케냐에서 가장 많이 쓰이는 말로서 '천천히'라는 뜻이다. 그러나 도시인들에게 느리다는 건 게으르거나 무능한 사람에 대한 부정적 표현이다.

음악에 있어 페르마타(Fermata: 늘임표)는 그 음악의 긴 호흡이다. 빠름만 있고 늘임표가 없다면 노래에 질식당할 것이다. 음악이 생명력을 발휘하기 위해서는 천천히 느리게 가는 페르마타가 필요하다.

천천히 가다 보면, 자세히 들여다보게 된다. 놓치고 살았던 소중한 것들이 보인다. 천천히 느리게 걷다 보면 길가에 떨어지는 낙엽 한 장, 개울을 따라 흐르는 작은 물줄기 한 줄에도 마음은 춤을 춘다.

너나 나나 폴레폴레와 빨리빨리 사이에 산다. 급하게 서둘지 말고 천천히 긴 호흡으로, 천천히 그렇게 노래하듯 살아보자.

길에서 또 길을 만나다

사람의 얼굴 신의 얼굴

사람은 하나님과 그 밖의 다른 피조물 사이에서 둘 중 한쪽과 항상 연관을 맺도록 지어졌다.

그 기울기와 가깝기에 따라서 사람의 얼굴은 짐승 같아지거나 짐승보다 못한 얼굴로 변하거나 아니면 하나님의 형상에 점점 물들어 그분의 얼굴을 반영하게 된다.

가을 하늘에 물든 호수처럼 사람의 얼굴에서 창조주의 얼굴이 떠오를 때 비로소 그 사람은 진정한 의미에서 자기 얼굴을 갖게 되는 것이다.

> 사람이 무엇이기에 이토록 생각해 주시며 사람이 무엇이기에 이토록 보살펴 주십니까 그를 하나님 다음가는 자리에 앉히시고 존귀와 영광의 관을 씌워주셨습니다 손수 만드신 만물을 다스리게 하시고 모든 것을 발밑에 거느리게 하셨습니다
>
> - 시편 8편 4~6절

끌림

끌림, 이 얼마나 놀라운 말인가! 신의 인간을 향한 이끄심과 인간의 끌림이 없다면 인간은 얼마나 절망적인가!

저 바닥까지 내려가셨던 분이, 이제는 드높이 오르셔서 낮은 데 있는 인간을 이끄신다. 가장 높은 곳으로 이끄시는 손은 가장 낮은 곳으로 내려와 못 박히셨던 손이다.

오늘도 그분에게 이끌려 하루를 산다. 내일도 그분에게 이끌려 영원의 문을 연다.

> 내가 땅에서 들려서 올라갈 때에 나는 모든 사람을 내게로 이끌어 올 것이다
>
> - 요한복음 12장 32절

마지막 질문

종교가 쇠퇴하고 쇠락하는 것은 밖으로부터 공격을 받아서가 아니다. 외부로부터의 핍박은 사실상 더 결속하고 더 확장되는 결과를 가져온 것이 역사적 사실이 아니던가. 종교가 타락과 쇠퇴를 지나 소멸하기까지는 순전히 종교 자체의 터무니없음과 무미건조함 때문이다.

신앙이 살아 솟구치는 샘이 아니라 물려받은 유물이 될 때, 종교가 가시관을 쓰는 대신에 왕관을 쓰고 요동칠 때 그 종교의 생명력은 소멸되고 그 종교의 메시지는 무의미한 헛소리가 되며, 그 종교의 말은 빈말이 되고 그 종교의 행동은 헛짓거리가 되고 만다.

종교는 진리를 추구한다. 단순히 진리를 탐구하는 것이 아니며, 진리를 묵상하는 것에 머물지 않는다. 종교는 진리, 살아 움직이는 진리 자체를 온몸으로 감싸는 것이다. 종교가 추구하는 진리는 겉에 머물지 않고 그 종교 속에 살아있는 생명력(vitality)이다. 그리고 그것은 시류에 편승하여 변하는 것이 아니라 변하지 않는 당당함으로 존재해야 한다.

종교는 인류의 생존과 미래에 관한 마지막 질문임과 동시에 마지막 대답이어야 한다. 우리가 그 마지막 질문들을 망각하는 순간, 종교는 터무니없는 것이 되고 마침내 소멸하게 된다.

잡동사니를 내려놓고

리처드 포스터(Richard J. Forster)는 그의 책 『Celebration of Discipline』에서 우리 시대의 재앙은 피상성(superficiality: 표면적임, 천박함)이라고 했다.

즉, 물질주의 이후(Post-materialism)를 살고 있는 현대인들에게 있어 순간적이고 즉각적인 효과를 신봉하는 천박함이야말로 모든 고통과 절망을 불러일으키는 원인이라는 말이다.

인간세상의 모든 문제는 본질을 놓쳐버린 결과물이다. 중요하지 않은 것을 중요하게 여기고, 정말 중요한 것은 오히려 하찮게 여기는 피상적인 삶에서 모든 악과 고통이 따른다. 이러한 피상적이고 천박한 삶에서 벗어나려면 잡동사니를 내려놓고 눈을 들어 하늘을 바라보아야 한다.

지금은 우리가 붙잡고 있는 것, 붙잡기 위해 애쓰고 있는 것들(재앙을 불러오는 잡동사니들)을 다시 한 번 확인할 때이다.

길에서 또 길을 만나다

수(數)

국가는 수(數)에 정비례한다. 그러므로 국가가 쇠퇴하면 국
민의 수는 점점 작아져서 그 국가는 없어지고, 국가라는 개
념이 소멸해 버리고 만다. 반면에 참된 기독교는 수에 대하
여 반비례한다. 그러므로 기독교가 참으로 존재한다고 주장
하기 위해서는 단 한 사람의 참다운 그리스도인만 있어도
충분한 것이다.

- 키에르케고르, 『순간』 중에서

진실이 수에 반비례할 때는 가장 위험한 순간이며, 동시에 진실을
위해 깃발을 들어야 할 가장 위대한 순간이다.

그렇다면 나도, 진실이 매장당한 세상을 향해 감히 소리 질러본다.
진실은 수에 반비례한다고. 진실이 참으로 진실이 되기 위해서는 단
한마디의 진실만으로도 충분하다고.

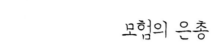

모험의 은총

강요된 사랑은 마치 강간이나 다름없다. 하나님은 신적인 강
간범이 아니시다. 그분께서는 어떤 방식으로든 인간들에게
결정을 강제하지 않으신다.

— N. 가이슬러

인간은 자유로운 선택을 할 수 있다. 그러나 자유로운 선택 속에
는 잘못된 선택에 이를 수 있는 가능성도 존재한다.

즉, 악은 자유의지라는 모험적인 은총 속에 내재되어 있다. 불행하
게도 인간의 자유의지는 지금도 계속해서 악의 가능성을 실제적인
악으로 만들어 내고 있다.

놀라운 것은 그 모든 악의 실재성에도 불구하고 은총의 별은 잠들
지 않는다는 사실이다.

길에서 또 길을 만나다

그 길

    그 길은 드높은 길이기에 외로움과 고독만이 유일한 벗이다. 공기조차 무거워 한 모금 숨도 아껴야 하는 숨 가쁜 길이기에 절제와 단순의 지팡이만으로 걸어야 한다.
    그 길에는 흔한 농담 하나도 사치와 욕심이기에 그 길을 걷는 자의 영혼은 어쩔 수 없이 가난을 외투 삼아 두르고 가야 한다.

    그 높지만 고독한 길.

    그 길을 걸어보고, 견뎌본 사람이 아니고서는 아무도 모른다.

지옥의 문

C. S. 루이스는 지옥에 대해 이렇게 말했다.

한 사람이 하나님의 은혜를 거부함으로 불러들인 불가피한
결과이며, 한 사람이 자유롭게 선택한 인생 결정의 끝판이
다. 지옥은 삶의 완성을 이루어 온전한 사람이 될 수 있는
가능성을 스스로 포기해버린 상태다.
지옥은 모든 관계가 완전히 파괴된 곳이다. 그런 관계의 단
절로 인한 처절한 외로움이 영원히 지속되는 곳이다. 지옥
은 자기 자신 외에는 아무것도, 아무도 곁에 없는 영원한 고
립무원의 상태다.
지옥은 하나님보다 자기를 선택함으로 최후까지 반역에 성
공한 자들이 영원히 있을 곳이다. 자발적인 선택이 없다면
지옥도 없을 것이기에 지옥문은 언제나 안으로부터 잠그게
되어 있다.

스스로 닫아버린 사람의 마음이야말로 지옥이다. 누구든 살아서
지옥을 경험하고 싶다면 지금 당장 하나님과 사람에 대하여 마음의
문을 닫아 버리면 된다.

길에서 또 길을 만나다

별 헤는 밤

    인간의 지적 욕망이 실천으로 녹아들지 않는다면 차라리 무지한 시골 촌부가 되는 편이 나을 것이다.

    하늘의 별을 보기 위해서는 도시의 불빛 아래 머물러서는 안 된다. 인간이 세운 지식의 가로등이나 등잔불은 밤길을 인도해 줄 뿐 별을 보는 데는 오히려 훼방거리이다. 지식은 별이 총총한 밤하늘 아래로 인도해 주는 길잡이일 뿐이다.

> 계절이 지나가는 하늘에는/가을로 가득 차 있습니다//나는 아무 걱정도 없이/가을 속의 별들을 다 헬 듯합니다//가슴 속에 하나 둘 새겨지는 별을/이제 다 못 헤는 것은/쉬이 아침이 오는 까닭이요, 내일 밤이 남은 까닭이요,/아직 나의 청춘이 다하지 않은 까닭입니다
>
>   - 윤동주, '별 헤는 밤' 중에서

그분

만일 인간의 생활이 고개를 들어 높은 곳을 볼 줄 모르는 동물의 생존처럼, 전혀 무가치하게 영위되어서는 안 된다고 한다면, 또 만일 인간의 생활이 - 존재하는 동안은 허깨비에 불과하고, 지나가 버리면 무(無)로 돌아가는 것을 보람없이 추구하고, 혹은 일시적으로는 떠들썩하지만, 영원한 세계에서는 아무런 반향(反響)도 없는 것에 몰두함으로써 - 낭비되는 일이 있어서는 안 된다고 한다면 만일 세상의 환락이 그대를 사로잡는다고 느껴서, 그것을 떨쳐 버리고 잊어버리길 원한다면, 또 만일 세상의 번뇌가 그대의 마음을 차지하는 것을 느껴서, 그것을 떨쳐버리고 잊기를 원한다면, 그것을 높은 곳으로 이끌어 주는 높은 차원의 존재가 있어야만 한다. 인간이 높은 차원을 추구하는 존재라고 한다면, 인간에게는 반드시 높은 곳에서 낮은 인간을 이끌어 주는 '그분'이 필요하다.

- 키에르케고르의 『순간』 중에서

그분, 내 마음에 계신 그 이름 예수, 복된 예수!

길에서 또 길을 만나다

억지주장

하늘이 하나님의 영광을 선포하고 궁창이 그 손으로 하신 일을 나
타내도다

- 시편 19편 1절

소위 지성과 과학을 이끄는 사람들이 시간도 공간도 물질도 없던
무(無)의 상태에서 갑작스러운 대폭발이 일어나면서 비로소 시간이
흐르게 되었고 공간이 생겨났으며 물질이 존재하게 되었다는 이론을
주장한다. 이것은 너무도 분명한 범주의 오류(category mistake)임에도
불구하고 억지를 부린다.

무(nothing)로부터는 유(something)가 나올 수 없다. 존재하도록 원
인을 제공한 창조주가 없다면 아무것도 아닌 것이 어떤 것이 될 수
없고, 아무것도 없는 곳에 어떤 곳이 있을 수 없는 것이다.

흔히 대폭발을 통해 지금의 우주가 탄생했다고 믿는 사람들은 어
떤 건축자재 창고에 폭발이 일어났는데 거기서 아름다운 전원주택이
생겼다거나, 쓰레기를 분쇄기에 넣었더니 그곳에서 최신 핸드폰이 나
왔다고 주장하는 것만큼이나 억지주장을 하는 것이다.

새로운 시작

진화론자들은 우주가 빅뱅(Big Bang)을 통해 생겼으며 계속해서 질서가 잡혀져 가고 있다고 본다. 그러나 우주의 에너지 총량은 불변하지만 점점 쓸모없는 에너지로 변해가고 있다는 것이 더 설득력이 있다.

성경은 세계의 시작과 마지막에 관하여 다음과 같이 설명한다.

> 그 옛날 주님께서는 땅의 기초를 놓으시며, 하늘을 손수 지으셨습니다. 하늘과 땅은 모두 사라지더라도, 주님만은 그대로 계십니다. 그것들은 모두 옷처럼 낡겠지만, 주님은 옷을 갈아입듯이 그것들을 바꾸실 것이니, 그것들은 다만, 지나가 버리는 것일 뿐입니다. 주님은 언제나 한결같습니다. 주님의 햇수에는 끝이 없습니다.
>
> - 시편 102편 25~27절

세계는 분명한 시작이 있었고 그 시작을 가능하게 하고 유지시키는 창조주가 없이는 지금의 우주를 결코 설명할 수 없다.

그리고 분명한 것은 우주의 역사가 그 '마지막'과 함께 '새로운 시작'을 향해 달려가고 있다는 사실이다.

길에서 또 길을 만나다

세상에서 제일 아름다운 풍경

세상 풍경 중에서 제일 아름다운 풍경
모든 것들이 제자리로 돌아가는 풍경

- 하덕규(시인과 촌장), '풍경' 중에서

세상으로부터 하나님께로 돌아선 어느 음유시인의 노랫말이다.

우리는 모두 하나님 앞에서 제자리를 잃어버린 자들이다. 돌아가
야 할 자들이며, 돌아와야 할 자들이다. 제자리로 돌아가는 자의 발
걸음. 세상에서 제일 아름다운 풍경이다.

속임수

신분이 낮은 사람도 입김에 지나지 아니하고 신분이 높은 사람도 속임수에 지나지 아니하니 그들을 모두 다 저울에 올려놓아도 입김보다 가벼울 것이다.

- 시편 62편 9절

영원하신 하나님으로부터 분리된 육체의 생명이란 사실 한 모금 숨에 지나지 않는다. 숨 한 모금만 마시지 못해도 끊어지고 마는 것이 목숨 아니던가? 애써 부인하며 손사래 쳐도 한 모금 호흡에 죽고 사는 것이 인생이다. 실로 인간 존재란 깃털보다 가볍다.

하나님을 등지고 행하는 것이 무엇이든 그것만큼 끔찍한 속임수도 없을 것이다.

길에서 또 길을 만나다

모르테와 아모르

꽃이 피었다. 생명의 계절이다. 살아 있음을 뽐내듯 앞다투어 꽃망울이 터진다. 연분홍, 진노랑, 선홍, 보라, 하양… 봄꽃들의 향연을 보면 그 향과 색에 반하지 않을 수 없다. 땅을 뚫고 가지를 헤치고 솟아오른 저 우직스러움이 어느 개선장군의 어깨보다 대견하고 자랑스럽기까지 하다.

그런데 당당하게 어깨를 펼쳐 보이는 꽃들이지만 자세히 들여다보면 한없이 연약한 꽃이기도 하다. 약한 속살 가운데로 배어나오는 컬러들은 저들 나름의 긴 고통의 산물이다. 저들은 한잠 잘 자고 깨어나 기지개를 켜는 것이 아니다. 겨우내 땅속에서 인고의 세월을 견뎠다. 죽음 같은 긴 겨울, 영하의 날씨에도 꿋꿋이 버텨온 가지들을 지나 끝내 뚫고 나온 것이다.

온갖 향과 색을 품은 꽃들은 산고의 고통이 빚어낸 산모의 멍든 얼굴이리라. 그리고 그 멍든 얼굴 사이로 핀 엄마의 환한 미소이리라. 그렇다. 세상에서 가장 아름다운 미소는 멍들고 일그러진 얼굴을 꽃받침 삼아 피어나는 그대들의 환한 미소가 아니겠는가.

모르테(morte) 그리고 아모르(amore), 라틴어로 '죽음과 생명'이라는 단어다. 죽음이 생명을 낳고 생명은 죽음 안에서 태어난다.

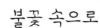

불꽃 속으로

불꽃 속으로 빠져들지 못하고 불꽃을 바라보기만 하는 한 참빛을 경험할 기회를 얻을 수 없다. 빛이 되기 위해서는 타오르는 불꽃 속에 머물러야 한다. 그리고 그 불 속에서 타올라야 한다.

불꽃을 바라보는 것을 지나 불꽃 속으로 자신을 투척할 때 비로소 빛이 된다. 세상이 그렇게도 찾던 빛이 된다.

> 너희는 세상의 빛이라 산 위에 있는 동네가 숨겨지지 못할 것이요
> - 마태복음 5장 14절

길에서 또 길을 만나다

너무나 분명한 존재

하나님, 우리가 그분을 말로 표현할 수 없는 것은 그분이 너무 막연한 존재라서가 아니라, 모호할 수밖에 없는 인간의 언어로 표현하기엔 너무나 분명한 존재이기 때문이다.

따라서 하나님은 비인격적, 비물질적 존재가 아니라 그분은 초물질적(trans-corporeal) 혹은 초인격적(trans-personal)인 존재라고 해야 한다.

악과 선

　도대체 악이란 무엇을 가리키는 것일까? 우리가 히틀러의 유태인 학살을 두고 '악하다'라고 규정할 수 있는 이유는 무엇인가? 반대로 테레사 수녀의 선행을 두고 '선하다'라고 규정할 수 있는 이유는 무엇인가?

　그것은 그들의 행위가 어느 한쪽 방향으로 기울었다는 것을 의미한다. 마치 줄다리기를 할 때 중간선을 기준으로 하여 승패를 결정짓는 것과 같다.

　마찬가지로 선과 악에 대한 우리의 인식은 어떤 기준에 의존한다. 그 기준을 가리켜 '절대적 기준'이라 칭한다. 그리고 절대적 기준이 있다는 것은 그 절대적 기준을 제공한 절대자가 있음을 방증한다. 기독교에서는 이 선과 악의 절대 기준을 '하나님'이라고 규정한다. 그러므로 하나님은 선과 악을 분별하며, 무엇이 선한 행동인지 무엇이 악한 행동인지를 결정짓는 우주적 기준이 되신다.

　선과 악을 구별하는 기준점은 오직 절대 선(absolutely good)이신 그분의 인격 안에서만 발견될 수 있다.

실재하는 악(惡)

　나무의 썩은 부분은 그 나무가 존재하는 한에서만 존재할 수 있다. 치아의 썩은 부분, 자동차의 녹슨 부분, 시체의 부패한 부분, 좀 먹은 옷의 구멍 난 부분도 마찬가지다.

　악은 하나님이 만든 것도 아니며, 인간이 만든 어떤 것도 아니다. 악은 인간의 타락을 통한 인간 영혼의 전적인 부패이며 변질이다.

　악은 그 자체로 실체를 가진 어떤 것이 아니다. 하지만 악이 별도의 실체로 존재하지는 않지만, 실재하는 것 또한 사실이다. 악이 하나의 실체가 아니라고 해서 악이 실재하지 않는 것은 아니기 때문에 악은 실제로 존재하는 실체는 아니지만(not a real thing), 실재(real)하고 있는 것 또한 사실이다.

> 악(惡)은 그 자체로 존재하는 무언가가 아니다. 오히려 그것
> 은 이미 존재하고 있던 것이 변질된(타락) 상태이다. 그것은
> 실체가 아니라 실체 안에 있는 현실적 타락이다.
>
> 　　　　　　　　　　　　　　　- 노만 가이슬러(N. Geisler)

최상의 방식

흄(D. Hume)은 악과 하나님에 관하여 이렇게 말한다.

> 그는 악을 막으려는 의지는 있지만 그럴 능력이 없는 것일
> 까? 그렇다면 그는 전능하지 않다. 그럴 능력이 있지만 그럴
> 의지가 없는 걸까? 그렇다면 그는 선하지 못한 존재이다. 그
> 에게는 그럴 능력도 있고 그럴 의지도 있는 것일까? 그렇다
> 면 어찌하여 악이 존재하는가?

세상의 끊이지 않는 악과 고통 앞에서 침묵하시는 하나님에 대하
여 때론 하나님 편에 선 우리마저 침묵할 수밖에 없다.

하지만 그분이, 오늘 당장 악을 제거하지 않으신다고 해서 미래에
도 그럴 것이라고 단정해서는 안 된다. 시간 속에서 일어나는 모든
일들에 있어서 하나님의 시간과 인간의 시간은 다르게 작동할 수 있
다. 하나님의 타이밍과 인간의 타이밍이 반드시 일치되지는 않는다.

즉, 아직 악이 제거되지 않은 세상은 최상은 아니지만 최상을 향
해 가는 최상의 길이 될 수는 있다.

길에서 또 길을 만나다

고통의 문을 통하여

고통에 관한 성경의 가르침은 권선징악(勸善懲惡)이 아니다. 세상은 부조리(不條理)와 불합리(不合理)로 가득 차 있다. 살면 살수록 우리는 인생의 많은 부분이 이치에 맞지 않으며, 불공평함을 뼛속 깊이 체험한다.

이즈음에서 우리는 한 가지 질문을 더 던져보아야 할 것이다. "우리는 왜 세상이 공평해야 한다고 생각하는가?" 오히려 "인생은 어차피 불공평한 거야!"라고 해야 하지 않을까?

예수그리스도를 생각해보자. 하나님의 아들이시며, 구세주이신 그분에게 세상은 공평했던가? 십자가를 보라! 십자가야말로 인생의 불공평을 극단적으로 보여준 사건이 아닌가?

"나를 따르라"고 외쳤던 예수님은 인생의 불공평을 피하는 방법을 가르치지 않았다. 십자가를 외면하지 않고 고통의 한가운데를 통과했듯이, 그분은 부조리한 고통 앞에 직면하여 괴로워하는 자를 향해 이렇게 말씀하시는 듯하다.

"고통, 다만 그것을 통하여 다른 세계를 볼 수 있다."

마음천국

인간의 마음이 좁아지기 시작하면 바늘 하나 꽂을 자리도 없을 만큼 좁아진다. 그 결과, 자기 자신 외에는 모든 것을 부정해버린다.

예수님께서는 '천국은 네 안에 있다'라고 말씀하셨다. 인간은 천국과 지옥의 경계선 언저리에서 산다. 그래서 마음은 순식간에 지옥만큼 좁아질 수도 있고 천국만큼 넓어질 수도 있다.

천국이 너희 안에 있다는 말은 단순히 자기 확신이나 지적 동의가 아니다. 그리스도로 말미암아 실제로 마음이 그만큼 넓어진다는 의미다.

또 여기 있다 저기 있다고도 못하리니 하나님의 나라는 너희 안에 있느니라

- 누가복음 17장 21절

죽음

죽음은 어떤 문제에 대한 가장 최종적인 방안이 되기도 한다. 그래서 결백을 증명하는 방법으로 죽음을 의지하기도 하며, 숭고한 뜻을 위해 죽음을 선택하기도 한다.

때론 죽음이 미련과 맺힌 것들로부터 자유를 주고, 무너진 관계를 회복시키며 상처를 치유하는 해결책이 되기도 한다. 씨앗 한 알의 희생이 의외로 많은 생명을 일으키고 씨앗 한 알의 죽음이 폐허가 된 들판에 봄을 불러온다.

죽음이 열어주는 새로운 세계는 얼마나 넓은가! 참된 죽음이 일으키는 새로운 생명은 또 얼마나 위대한가!

가야 할 때

    나에게 주어진 '때'를 알고 그때의 무게와 소중함을 온몸으로 받아들이며, 그 때를 홀로 떠내려가도록 내버려두지 않으며, 그 때(timing) 위에 내 생의 처음(beginning)과 끝자락(ending)까지 고스란히 얹어 천국 문 앞에 서기를 다짐하고 또 다짐한다.

> 가야 할 때가 언제인가를/분명히 알고 가는 이의/뒷모습은
> 얼마나 아름다운가
> - 이형기, '낙화' 중

길에서 또 길을 만나다

성공 그 이상

삶은 이 땅에서의 성공 그 이상이다. 그리고 그 성공 이상의 단계는 반드시 죽음을 지나가야 한다.

우리가 죽음이라는 단계를 지나갈 때 끝도 없는 우주 공간 속으로 사라지는 것이 아니다. 활동 중지 상태로 냉동 창고에 저장되는 것도 아니다. 벌레나 곤충으로 다시 태어나기 위해 변신을 시도하지도 않을 것이다.

다만 땅에서의 성공 그 이상을 향한 변형(變形)이 따를 것이다.

> 삶이 연극무대라면 이 땅에서의 삶은 본 무대를 위한 최종 리허설일 뿐이다. 이 세상은 길어야 100년을 머물지만, 그 후에는 숫자로 가늠할 수 없는 영원이 기다리고 있다. 이 땅에서의 삶은 모두 표지와 제목에 불과하다.
> - C. S. 루이스

영원한 사실

J. H. Huxley는 무신론자였다. 그를 간호했던 여자의 말에 따르면 그는 위를 쳐다보면서 '사실이네'라고 말하며 후회로 가득 찬 얼굴로 죽었다고 한다.

기독교의 하나님은 최고의 가치나 사상 혹은 단순한 힘이 아니다. 하나님은 최고의 선, 무한한 에너지와 같은 애매한 존재도 아니다. 기독교의 하나님은 모든 사실(facts) 가운데 가장 완전한 사실(The fact)이다.

하나님이 모든 사실의 근원이라는 사실에 관하여 C. S. 루이스는 그의 책 『천국과 지옥의 이혼』에서 이렇게 말한다.

> 사색에 대해서도 아는 바가 없어. 와서 보게. 와서 자네 눈으로 직접 보게. 내가 모든 사실성의 아버지이신 영원한 사실(Eternal Fact) 앞에 자네를 데려 가겠네.

마지막 때, 사실에 근거한 삶은 영원한 사실과 만날 것이다. 반면에 거짓에 근거한 삶은 사실로부터 영원히 멀어질 것이다.

> 머지않아 어느 날 내가 죽었다는 말을 듣게 될 것이오. 믿지 마십시오. 그때 나는 이전의 그 어느 때보다 생생히 살아있게 될 것이오.
>
> ― 미국 전도자 드와이트 무디

길에서 또 길을 만나다

의미

　의미의 유무에 따라 삶은 천국이 되기도 하고 지옥이 되기도 한다. 일곱 번 넘어져도 그 넘어짐이 의미가 있다면 여덟 번째가 기다려지는 것. 의미로 채워진 삶, 가치로 무장된 시간이라면 죽음도 두렵지 않다. 의미가 있다면 돌베개를 베고 누운 광야라도 바로 그 자리가 천국의 문이 된다.

　폴 틸리히는 인간은 세 가지 두려움을 가지고 산다고 했다. 무의미에 대한 두려움, 죽음에 대한 두려움, 죄책에 대한 두려움이다.

　인간은 의미를 추구하는 영적 존재다. 그렇기 때문에 무의미(meaningless)에 대한 두려움을 벗어나 의미로 가득 찬(meaningful) 삶을 살고 싶어 한다.

　기독교는 예수 그리스도의 죽음과 부활을 중심으로 형성된다. 그분의 죽음과 부활은 무의미한 인생의 종지부를 찍은 자리에 의미로 가득 찬 생명을 꽃피우는 과정이다. 그리스도인이 된다는 것은 삶의 무의미를 벗고 의미로 빛나는 새 생명을 덧입는 것이다.

죽음을 통과할 때

윤회를 하거나 무의미한 존재로 사라지거나 구천을 맴도는 인생관과는 달리, 기독교의 인생관은 영원 속으로 들어가는 과정이다.

죽음이 결국 우리를 그곳으로 데려가 준다면, 죽음은 공포나 절망이 아니다. 죽음 너머에서 지금의 현실보다 더 생생하게 살 것이기 때문이다.

그렇다. 죽음은 현재의 세계에서 맞이하게 될 가장 확실한 미래의 문이다. 그러므로 우리는 죽음을 통과할 때 지금과는 비교할 수 없는 완전한 자아를 갖게 될 것이며, 완벽한 세계를 만나게 될 것이다. 그날은 우리가 영원하신 하나님과 만나는 랑데부(rendez-vous)가 될 것이다.

그리고 마침내, 모든 물음표는 느낌표가 될 것이다.

> 일반적으로 산다는 것은 점점 흐릿해지며, 모호해져가는 과정이다. 반면, 성경이 제시하는 삶의 이해는 모든 모호함이 점점 더 확실해져가는 과정이다. 태어남이 확실한 사실이라면 자라가는 과정은 더욱더 분명한 사실의 연속이며 확장이다. 그리고 죽음은 이 땅에서의 모든 생명의 확실성이 최종적으로 가장 확실한 사실로 덧입는 과정이다.
> - C. S. 루이스

길에서 또 길을 만나다

실존을 넘어

20세기 대표적 실존주의 철학자 사르트르. 그의 죽음을 앞둔 30일은 매우 비참하고 불행했다. 폐수종으로 몸이 무너짐을 경험했고, 매일 소리치고 욕하며 생의 마지막 순간을 지냈다고 한다. 그리고 마침내 방문자를 향해 욕지거리를 하며 분노와 불안 가운데 죽음을 맞이했다.

반면 데이비드 브레이너드는 선교지의 고통스러운 삶 속에서 죽음을 맞이했다. 그런 그의 마지막 말은 사르트르와는 사뭇 달랐다.

> 손짓하노니 죽음이여 오게나. 자네의 끈에 입 맞추리니 죽는 것은 참으로 행복한 일. 겁날 것 조금도 없이 영원한 곳으로 가는 길일 뿐.

실존을 넘어 영원을 담보하지 못하는 철학자의 마지막과 실존을 넘어 영원 속에 안식하게 된 그리스도인의 마지막이다.

지나가리라

이것 또한 지나가리라!
This, too, pass away!

작은 불씨가 온 산천을 불태우듯 작은 볼트 하나 때문에 거대한 비행기가 추락하듯 지나가 버리는 작은 것들 때문에 인간은 짐승보다 못한 자리까지 떨어지고 만다.

지나가 버릴 것 가운데 아무리 작은 것에라도 집착하면 그것 때문에 영혼은 신속하게 곤두박질한다. 그러므로 지나가버리고 남지 않을 것에 대한 애착을 버려야 자유롭게 날아오를 수 있다.

거침없이 두려움 없이 그리고 중단 없이.

> 세상과 거래를 하는 사람은 세상과 거래를 하지 않는 사람처럼 살아야 합니다. 우리가 보는 이 세상은 사라져가고 있기 때문입니다.
> Those who use the things of the world, as if not engrossed in them. For this world in its present form is passing away
> - 고린도전서 7장 31절

길에서 또 길을 만나다

기쁜 소식

    기독교는 인간을 선인과 악인, 의인과 죄인으로 단정 짓는 것을 허용하지 않는다. 악인과 죄인도 선인과 의인이 될 수가 있다. 이를테면 천국에 갈 사람이 정해져 있거나 지옥에 떨어질 족속이 따로 마련되어 있지 않다는 말이다.

    하나님은 태양을 악인과 선인 모두에게 비치게 하시며 비를 의로운 자와 불의한 자에게 공히 내리신다.

    복음은 그런 것이다. 철저히 율법을 초월하며 율법을 새롭게 완성한다. 그래서 세리와 창기들이 저 바리새인과 서기관들보다 먼저 하나님의 나라에 들어갈 수도 있다고 선언한다.

    기독교의 진리가 복음(Good News)이 되는 이유가 여기에 있다. 전혀 기쁜 소식과는 거리가 먼 자들에게까지도 그 소식이 도달하며, 사방이 닫혀 벗어날 가능성이 전혀 없는 사람에게도 희망의 문은 열려 있다.

현재를 누리라

기독교는 과거의 죄를 용서받음으로 끝나는 과거의 종교가 아니다. 그렇다고 천국행 티켓을 얻은 안도감에 젖어 사는 종교만도 아니다. 기독교의 복음은 과거와 미래와 함께 오늘을 위한 복음이다. 우리가 예수를 믿는다고 할 때 그 믿음은 죽어버린 예수, 혹은 실종된 예수를 믿는 것이 아니다. 우리의 믿음은 무덤에서 다시 살아나셔서 지금도 믿는 자들과 함께 살아계시는 바로 그 예수를 믿는 것이다.

예수 그리스도를 과거형으로 남겨두지 않아야 하며, 미래형으로 쳐다보고만 있을 일도 아니다. 그리스도인은 이미 오신 예수로 말미암아 오늘을 담대히 살며, 지금도 함께 계시는 그분과 함께 오늘을 살고, 다시 오실 그분을 기다리며 또 오늘을 살아야 한다.

오늘, 나의 삶을 예수그리스도와 함께 누리는 것, 이것이야말로 현재를 사는 그리스도인이 가져야 할 올바른 태도다.

> 이것을 너희에게 이르는 것은 너희로 내 안에서 평안을 누리게 하려 함이라
>
> - 요한복음 16장 33절

길에서 또 길을 만나다

약속을 붙잡는 믿음

　기독교 신앙은 막연한 존재에 대한 막연한 기대감이 아니라 하나님의 분명한 약속에 대한 분명한 믿음이다. 그리고 그 믿음은 약속을 언제까지 붙잡을 것인가에 달려 있다. 구약성경에 나오는 욥이 바로 그 약속에 관한 믿음의 원초적 예시가 아닐까. 신앙은 순간의 사건이라기보다 지속적인 과정이다. 그러므로 내가 붙잡은 하나님의 약속이 신화(mystery)가 아니라 사실(fact)로 드러날 때까지 결코 포기해서는 안 된다. 사도 바울은 로마서에서 아브라함이 가졌던 약속의 신앙을 이렇게 확증한다.

　　아브라함이 바랄 수 없는 중에 바라고 믿었으니

　　　　　　　　　　　　　　　　　　　　　 - 로마서 4장 18절

　우리 속담에 '믿는 도끼에 발등 찍힌다'라는 말이 있는 것처럼, 아브라함은 약속의 결실이었던 독자 이삭을 바치라는 하나님의 명령 앞에서 약속이 끝장나는 믿음의 위기를 마주하지만 그는 끝까지 약속의 말씀을 포기하지 않았다. 이것이 바로 약속이 약속을 배반해도 약속을 붙잡는 믿음이다.

　믿었던 약속이 오히려 나의 길을 가로막을 때 비로소 가장 높은 '신앙의 길'이 열린다.

어떤 사람은 가능한 것을 기대하므로 위대했었다. 또 다른
사람은 영원한 것을 기대하므로 위대했었다. 그러나, 가장
위대했던 사람은 불가능한 것을 기대했던 사람이다.

- 키에르케고르

길에서 또 길을 만나다

오고 있는 사실

애벌레가 어느 순간 홀연히 나비가 되듯 그렇게 우리는 어느 날 육체의 껍질을 벗고 다시 태어나게 될 것이다. 벌레보다 못했던 이 낮은 몸을 벗고 영원을 향한 날갯짓을 하게 될 것이다. 그리고 이전까지는 말로만 듣고 살았던 모든 이야기들이 현실이 되어 나타날 것이다. 꿈에서만 보았던 세상이 내 눈 앞에 펼쳐질 것이다.

그때는 지금까지의 현실이 꿈처럼 아득해지며 믿음으로만 보았던 것들이 새벽처럼 선명하게 밝아 올 것이다. 그때는, 긴 한숨 끝에 잠을 깬 어린아이처럼 우리의 두 눈은 온갖 새로운 것들로 인해 반짝일 것이다.

믿음은 보고 믿는 것이 아니라 믿음으로 보는 것이다. 그리고 믿음으로 보던 것들이 실재가 되는 날이 다가오고 있다.

영원히 멋지게

> 우리의 모든 여행이 끝나고 우리는 처음 시작한 곳으로 다
> 시 돌아가네. 그리고 우리는 처음 그곳을 보게 된다네.
> - T. S. 엘리엇

언젠가 우리의 생명은 부활하신 예수님과 같이 온전한 형상을 이루어 더 이상 물리적인 것에 의존하지 않게 될 것이다. 우리의 죽어가는 또는 썩을 것은 죽지 않을 것으로 바뀔 것이요, 사망은 이김에 삼킨 바 될 것이다.

'영원히 살 것처럼 계획을 세우고, 내일 그리스도께서 다시 오실 것처럼 살라'는 말처럼, 우리는 은퇴 후에 어떻게 살지를 고민하기보다는 어떻게 하면 영원한 시간을 영원히 멋지게 살지를 생각해야 한다.

> 영원하신 섭리로써 육체라는 바다에 우리의 영혼을 실으신
> 하나님 아버지시여. 험한 바다와 같은 세상 그 어느 곳에도
> 우리가 정박하지 않게 하시고 이 바다를 곧바로 지나 아버
> 지의 영광스러운 나라로 향하게 도와 주옵소서.
> - 존 웨슬리

길에서 또 길을 만나다

Epilogue

　기다림은 시간 안에서만 가능한 일이다. 그 시간을 타고 꽃이 피고 눈도 내린다. 그리움도 쌓이고 사랑도 피고 미움도 진다. 시간을 타고 꿈도 청춘도 흐른다. 시간 안에서 온갖 기다림이 자라고 피고 진다. 그래서 나는 오늘도 시간 안에서 기다리는 모든 기다림에 박수를 보낸다.

　마지막 걸음을 앞두고 임어당(林語堂)이 『생활의 발견』에서 이른 말이 또 한 번 멈칫거리게 한다.

> 불후의 작가에 한 몫 끼고 싶어서 홀연히 그 간소하고 자연
> 스러운 생활을 잃어버리는 신출내기 작가만큼 세상에 딱하
> 고 오죽잖은 것은 없을 것이다.

　글의 부족함에 관하여는 독자의 깊은 해량(海量)을 바라며 이제 선

잠 같았던 지난날의 편린들은 뒤로하고 미흡한 글과 함께 어느덧 내일의 문 앞에 서게 된 독자들의 앞길에, 시간 안에서만 가능한 모든 기다림이 황홀과 경탄으로 피어나기를 소망한다.

혹 기다림에 지친 이들에게는 나를 불쌍히 여기신 영원하신 그분의 자비와 사랑이 고산(高山)의 눈꽃처럼 더욱 찬연(燦然)하기를 두 손 모아 기도한다.

2018년 4월 대청계곡에서

김상두